法兰西生活拼图
之

MANUEL DE POLITESSE
教你掌握法国礼仪

〔法〕米歇尔-加斯 著
刘燕繁 张姗娜 翻译 注释

商务印书馆
The Commercial Press

Michel-Gasse

MANUEL DE POLITESSE

©Editions Gisserot, 2002

丛书前言

法兰西文化以其悠久的历史、深厚的传统、绰约的风情著称于世。在这块被赐福的土地上，不仅有享誉世界的文豪、思想家、艺术家，无与伦比的建筑艺术，优美严谨的语言文字，更有浸润普通人生活的美酒佳肴、时装香水、举止礼仪、谈吐艺术。法国人对生活的热爱使他们视生活为艺术，日常的饮食衣着、举止谈吐，无不精致优雅，衣食住行俱成学问，举手投足皆有文章。走进法兰西，需要的不仅是语言和历史知识，更要对当下的、日常生活中的法兰西有所感知，这样我们才能真正了解这个民族。作为法语专业的学生，在学习语言的同时，更要深入了解法兰西的璀璨文化。

基于上述想法，我们推出了这套名为"法兰西生活拼图"的中法文对照注释丛书，寓意生活的各个侧面犹如拼图的插片，意在填补语言学习的空隙，拓展文化碰触的空间，为广大法语专业学生与法国文化爱好者提供一组学习语言、了解文化、深入生活的优秀读本，以供读者拼出斑斓绮丽的法兰西生活全景。

本丛书系从法国吉斯罗出版社（Gisserot）引进，共五册：《教你品味法国葡萄酒》是一本关于法国葡萄酒的小百科，详尽介绍了波尔多、香槟、勃艮第、博若莱等主要产地，赤霞珠、品丽珠、霞多丽、雷司令等知名品种，以及关于酒的年份、酒的保存、酒瓶标签及菜肴搭配等一系列常识；《教你学做法国菜》奉上的是三十余道法兰西传统佳肴的烹饪菜谱，所用食材常见易寻、操作说明浅显易读，另附有标明制作难易程度、准备和烹制时间以及配酒建议的贴心提示，有兴趣的读者完全可以一试身手；《教你选个法语名》基于法国人以天主教圣徒名为自己名字的传统，收录了900多个天主教圣人的姓名及其生平，并附有"命名日"的日期，以助读者了解法国深厚的天主教传统及名字的来历；《教你掌握法国礼仪》提供了一把开启法国社交生活的金钥匙：初次见面该如何礼貌交谈，参加酒会、节庆、音乐会和生日晚宴应如何表现得体，乘公交、打电话、在餐馆用餐、在公共场所吸烟要注意哪些细节，甚至还旁及授勋仪式及勋章等级等背景知识，详细而周到；《教你学写法语书信》是一本法语文书的写作指南，不仅介绍了拼写、标点、格式等基本常识，还提供了私人信件、公函、通知、求职信、简历等各种文书类型，简单而实用。丛书涵盖了法国日常生活的诸多方面，希望带领读者由表及里触摸法兰西文化，其中前两本书图文并重、全彩印刷，更是一场关于法兰西餐饮与美食的视觉盛宴。

本丛书采用中法文对照形式，对语言和知识难点进行了专门的注释。其中《教你品味法国葡萄酒》和《教你选个法语名》因涉及大量术语、历史人物及典故，略有难度，适于高年级学生阅读。其他三本语言相对简单易懂，稍有法语基础便可阅读。为便于对照理解，各书后还附有词汇表。

满足读者不同层次的文化需求是出版人的天职，这套"法兰西生活拼图"是我们为法语专业学生提供课外读物的初步尝试，将来我们还会选择合适的读本，陆续推出"法兰西文化拼图""法兰西艺术拼图"……

商务印书馆编辑部
2020年6月

注译者序

早在2000多年前，孔子就曾说过："不学礼，无以立。"礼仪是人类文化的结晶、社会文明的标志，是人们进行社会交往的行为规范与准则，被誉为成功步入社会的"通行证"、沟通人际关系的"立交桥"。由此可见，学习礼仪至关重要。它既有助于培养高尚的情操和卓越的交际能力，也有利于营造友好的社交气氛，构建和谐的社会氛围。而对于众多法语学习者来说，了解法国礼仪规范自然也是学习法国文化极为重要的内容。因此，我们积极推出这本《教你掌握法国礼仪》，希望能对广大法语爱好者和学习者有所帮助。

本书内容按主题编排，层次分明、条理清晰，深入浅出地向大家介绍了与法国人打交道时应注意的各方面礼仪规范，紧密贴合日常生活，比如有交谈、用餐、公共交通、打电话、日常交往等礼仪。每个部分又做细致分类，如用餐礼仪就包含普通用餐、婚礼用餐、鸡尾酒会等；公共交通礼仪中则涵盖了公交车、地铁、火车、长途客车、飞机、轮船等交通工具的乘坐礼仪和规则。我们相信，这些内容将会对读者朋友认识法国、了解法国文化以及与法国朋友打交道提供实际帮助。在"日常情景"这一章节中，作者更是详细地介绍了在楼梯上、电梯中、商场里，甚至人行道上与人交往的礼仪，比如如何开关车门、如何出入楼房和商场的大门、如何撑打雨伞等等，甚至连打哈欠、打喷嚏、擤鼻涕、咳嗽、笑等每日行为举止也给出了规范礼仪的指导和建议。除了上述相当接地气的礼仪规则之外，作者还向我们介绍了授勋仪式及勋章等级的背景知识，真可谓巨细靡遗、面面俱到。

在译注本书的过程中，译者得到编辑老师的大力支持和帮助，在此表示衷心感谢！由于译者水平有限，译文注释中出现疏漏在所难免，恳请读者谅解并指正。

Sommaire 目录

1. Le savoir-vivre　社交礼仪 ································ 1
2. Les présentations　介绍 ···································· 3
3. La conversation　交谈 ····································· 14
4. Savoir-vivre à table　餐桌礼仪 ···························· 21
5. La soirée cocktail　鸡尾酒会 ······························ 45
6. La soirée musicale　音乐晚会 ······························ 52
7. Fêtes et anniversaires　节日和周年庆典 ···················· 56
8. Au restaurant　在餐厅 ····································· 58
9. Repas d'affaires　商务宴请 ································ 61
10. Transports en commun　公共交通 ··························· 65
11. Des situations quotidiennes　日常情景 ···················· 75
12. Le tabac　烟草 ·· 90
13. Le téléphone fixe　固定电话 ······························ 94
14. Le téléphone portable　手机 ······························ 99
15. Décorations et distinctions　奖章与勋章 ················· 104
16. La noblesse　贵族 ·· 115
17. Les faire-part　通知函 ··································· 117
18. La carte de visite　名片 ································· 127
19. Les jeunes et le savoir-vivre　年轻人及其礼仪 ············ 130

Annexe : Dignité et grades des Armées　附录：军衔 ············ 140
Le vocabulaire　词汇表 ······································ 144

1. Le savoir-vivre[①]

Le savoir-vivre est la connaissance et la pratique des règles de la politesse, de la courtoisie, des usages du monde. "Il faut beaucoup de savoir-vivre pour ne choquer personne" dit le Larousse. Les domaines où les règles du savoir-vivre s'appliquent sont très vastes : du savoir-vivre au quotidien (chez soi, dans la rue, au travail) au protocole de réception des chefs d'Etat étrangers.

Comme le précise notre sommaire, nous allons nous cantonner au seul savoir-vivre au quotidien. Etre reçu, chez un duc, un ministre, un dignitaire religieux, le président de la République, le protocole est régi par des règles trop nombreuses à citer dans ce seul ouvrage.

---

① savoir-vivre : *n.m.inv.* 社交礼仪。它是 politesse, courtoisie 和 usage du monde 的总称，指对各种礼貌、礼仪要求的总体掌握。其中，politesse (*n.f.*) 是指基本的礼貌要求；courtoisie (*n.f.*) 是更高层次、需要学习的礼仪以及外交礼节等；usage du monde (*loc.*) 指对礼貌的整体要求，这里指 "处世之道"。

1. 社交礼仪

　　社交礼仪是关于礼貌、礼仪和处世之道的知识和实践。《拉鲁斯词典》里这样说:"要想不冒犯到别人,需要懂得很多社交礼仪。"生活中的许多方面都离不开社交礼仪:无论是日常礼节(家中、路上、工作中),还是接待外国元首的外交礼节。

　　正如目录所示,我们在本书中只讲述日常礼节。因为被公爵、部长、高级神职人员或是共和国总统接见时的礼仪规则纷繁复杂,全写在一本书里就太多了。

2. Les présentations

Les présentations sont importantes ; une présentation réussie permet d'entrer et de se faire accepter dans un groupe, une société, et de se valoriser. Présenter une personne à une autre, ou se présenter soi-même obéit à plusieurs règles qui ne sauraient[①] être transgressées. Etre présenté, c'est se faire connaître. La connaissance de ce chapitre s'applique pour toutes les situations : soirée, cocktail, etc.

Règle générale

Les présentations se font toujours debout :
- Il est de mauvais ton[②] de rester assis pour être présenté.
- Un homme se lève toujours devant un homme ou une femme, sauf s'il est lui-même très âgé.
- Les femmes peuvent rester assises (privilège du sexe), sauf en présence d'une femme âgée ou d'une personnalité importante.
- Si une femme se lève pour saluer un homme âgé, celui-ci par pure galanterie peut lui dire de ne pas se lever (ou de "se déranger") pour lui.
- Les plus jeunes sont présentés aux plus âgés : c'est là le privilège de l'âge.
- Les personnes les moins importantes sont présentées en premier aux personnes les plus importantes : c'est là le privilège de la situation.
- Afin qu'[③]elle connaisse les noms et qualité des personnes présentes avant d'être elle-même présentée, la personne qui mérite

---

① qui ne sauraient : 此句中 sauraient 的原形动词 savoir 在条件式的否定式中作助动词，一般只用否定词 ne，表示能够、可能。
② être de mauvais ton : 固定搭配，指 "没有教养的"。
③ afin que : *loc. conj.* 为了、以便。表示目的，后接虚拟式。

le plus d'égards aura son identité déclinée① en dernier.
- Un homme est généralement présenté à une femme mais, si l'homme est âgé et la femme une jeune fille, la priorité sera inversée : c'est encore là le privilège de l'âge.
- Quand il s'agit de présenter un couple à un autre couple, les mêmes règles s'appliquent, en tenant compte de② chacune des deux personnalités.

Les titres

- Un grade militaire se nomme toujours : colonel Lepeltier, capitaine Drollet. On présentera d'abord l'armée de terre (la plus ancienne des armes), la marine et enfin l'armée de l'air (la plus récente des armes).
- Un avocat, un avoué, un notaire sont présentés par le titre de "Maître"③ : maître Jean-Philippe Gérard.
- Un professeur de médecine, un professeur de l'enseignement supérieur sont nommés par le titre de professeur : le professeur Lepeltier.
- Un médecin ou un professeur de l'enseignement secondaire est appelé "monsieur", en précisant l'activité "médecin généraliste".
- Un prêtre doit être présenté : monsieur l'abbé ... ou monsieur le curé ...
- Le titre de "Maître" peut être donné à un artiste-peintre ou un sculpteur connu et reconnu.

Les dames

Une femme n'a droit à la désignation du titre de son mari qu'en deux circonstances seulement :
- Elle est l'épouse d'un maréchal (le maréchalat est une dignité et non un grade), on dira alors "madame la maréchale" ;
- Elle est l'épouse d'un ambassadeur, on dira "madame l'ambassadrice".

---

① décliner : *v.t.* 谢绝、拒绝。用在 décliner son nom 中，表示"说出自己的名字"。此处是它的过去分词。
② tenir compte de : 考虑，重视。
③ Maître : *n.m.* 在法国，称律师、诉讼代理人或公证员为"Maître"（先生）。

> **Précaution**
> Certaines personnes tiennent beancoup à leur titre, il faut donc le citer en les présentant. Les maîtres de maison auront noté cette coquetterie dans le "pense-bête"[①] que nous verrons plus loin.

Sont à éviter les appellations telles que : *madame la préfète, madame la commandante* qui relèvent du langage familier et ne sont pas admises dans le langage officiel.

Présentations

On énonce distinctement le nom de la personne présentée, au besoin en apportant quelques précisions qui permettent de mieux la situer.
Puis[②]*-je vous présenter monsieur Georges-André Lepeltier, notre pharmacien ?*

ou : *Permettez-moi de vous présenter monsieur Georges-André Lepeltier ?*
ou enfin : *Permettez-moi de vous présenter Georges-André Lepeltie ?* si le présenté est un jeune. Les jeunes hommes n'ont pas droit au titre de Monsieur.
Puis on décline les prénom et nom de la personne à qui l'on présente : *Maître jean-philippe Gérard*, en apportant ou non une précision : *"notre nouveau notaire qui vient de succéder à Maître Patrick Gossein parti à la retraite"*.
Lorsqu'il s'agit d'un couple, on présente l'homme puis la femme : *monsieur et madame Georges-André Lepeltier*.

L'autoprésentation

Il est admis, s'il ne se trouve personne pour faire les présentations, que l'on se présente soi-même, en respectant toutefois certaines règles.

---

① pense-bête : *n.m.* 备忘录。
② puis : pouvoir 的第一人称单数变位形式，表示委婉的语气。

- Pour les hommes : on énonce clairement son prénom et son nom, sans les faire précéder de monsieur ou de son titre nobiliaire :
  -classique : *Georges-André Lepeltier ;*
  -cérémonieux : *Permettez-moi de me présenter, Georges-André Lepeltier.*

Le vis-à-vis[①] fait de même.

> **Règle d'or : la simplicité**
> On saura toujours gré[②] à celui qui se présente lui-même de demeurer simple.[③]

Il est admis qu'un prêtre, un notaire ou un avocat, un médecin, un officier se présente en faisant précéder ses prénom et nom de :
Monsieur l'abbé Gilles Prévost ; Maître Patrick Gossein ; Docteur Jean-Philippe Gérard ; Lieutenant Patrice Germain.

- Pour les femmes : aujourd'hui, les femmes se présentent comme le font les hommes :
  -une femme mariée : *madame Germain ;*
  -une célibataire ne se présente jamais en disant ; *mademoiselle Flora Germain,* mais énonce son prénom et son nom : *Flora Germain.*

Comme pour les hommes, on admet qu'une femme se présente en faisant précéder ses prénom et nom, de sa qualité : *Docteur Catherine Kérouédan.*

Comment saluer et répondre

Pour saluer

La maîtresse de maison est toujours saluée la première.
L'usage est de dire simplement "monsieur", "madame"

---

① vis-à-vis : *n.m.* 面对面。
② savoir gré à qn : manifester sa gratitude 感谢某人。这里是将来时，表示很确定的含义。
③ de demeurer simple : 这里是指 de façon simple, 意思是"以简单的方式"。

ou "mademoiselle", sans jamais ajouter le patronyme. ①
Un maréchal est appelé "monsieur le maréchal".

On, n'appelle jamais quelqu'un par son titre nobiliaire, exception faite pour les ducs et les duchesses (plus haut titre nobiliaire) qui, seuls, ont droit au titre. On dira "monsieur le duc" ou "madame la duchesse". On ne dira donc jamais "Monsieur le marquis" ou "Madame la baronne".

Les femmes disent "monsieur" à un officier jusqu'au grade de capitaine, au-delà② elles énoncent le grade sans le faire précéder de "mon③" comme le font les hommes : Commandant, Colonel, Général. Il est admis (privilège du sexe) qu'une femme énonce le grade plutôt que de dire "Monsieur" à un officier.

Les hommes énoncent seulement le grade de caporal à capitaine, ensuite ils font précéder le grade de "mon" , mon commandant, mon colonel, mon général, sauf s'il occupe lui-même une fonction supérieure. Il est admis que dans la vie courante un homme, par respect des traditions, fasse④ précéder le grade de "mon" et disent "mon lieutenant" , etc.

A un amiral, hommes et femmes disent "amiral" , et "commandant" jusqu'au grade de capitaine de vaisseau. Puis à partir du grade de capitaine de corvette et en dessous, l'on dit "Monsieur" .

Un homme devant :
- une femme, emploie la formule : *Mes hommages, madame* ;
- une jeune fille, dira : *Bonjour, mademoiselle* ;
- un autre homme, dira : *Bonjour, monsieur.*

Pour répondre
• Ne répondez jamais par : *Enchanté.*
• Si vous tenez à manifester votre satisfaction, vous devez formuler une phrase entière :

---

① patronyme : *n.m.* 姓氏。
② au-delà : *adv.* 然后，以后。
③ mon : 法语中在对方姓名、军衔等前加主有形容词 mon（我的），意指"尊敬的"，可以表示一种亲切的关系。
④ fasse : 是 faire 的虚拟式第三人称单数变位。

-Je suis heureux de faire votre connaissance ;
-Je suis honoré de faire votre connaissance.
C'est à la personne à qui l'on est présenté de tendre la main la première. Les personnes présentées peuvent incliner légèrement le buste (en évitant de se heurter la tête) ou se sourire, en guise de[1] salut.

---

[1] en guise de : *loc.prép.* 代替。

2. 介绍

　　介绍是非常重要的,成功的介绍将使您很容易融入一个群体、一个社团,被大家接受,甚至还能得到大家的器重。把一个人介绍给另一个人,或自我介绍都必须遵循一些规则。介绍,就是让别人了解自己。本章的知识适用于各种情景:如晚会、鸡尾酒会等等。

基本规则

　　当别人介绍自己时必须站起来:
- 被介绍时若还坐在座位上,这是非常没有教养的。
- 男士在不管男士还是女士面前应起立,除非他自己年纪很大则可以例外。
- 女士在被介绍时可以坐着(性别特权),除非有年纪较大的女士或重要人士在场。
- 如果女士准备起身向年长的男士致意,出于绅士风度,男士可以告诉女士不用特意为自己起身(或者对女士说一句"打扰了")。
- 年纪最小的应该被介绍给年纪最长的:这是年龄特权。
- 最不重要的人应首先被介绍给最重要的人:这是地位特权。
- 最重要的人应该最后一个揭示自己的身份,以便在自己被介绍前,能先知道别人的名字及身份。
- 通常,男士应该先被介绍给女士,但是,如果男士年纪较大而女士是年轻女孩,那优先权就刚好相反:这还是年龄特权。
- 如果需要把一对夫妇介绍给另一对夫妇,仍须遵循同样的礼仪规则,同时也要考虑每对夫妇自身的特点。

1. 头衔
- 介绍军官时一般加上军衔：勒佩尔捷上校、德罗莱上尉。首先介绍陆军（最古老的兵种），然后海军，最后才是空军（最新的兵种）。
- 律师、诉讼代理人、公证员都被尊称为"先生"，如让-菲利普·热拉尔先生。
- 医学教授、高等教育机构的教授被尊称为教授，如勒佩尔捷教授。
- 医生、中学老师则被称为"先生"，再加以具体内容，比如全科医生先生。
- 神甫应被称为：司祭……先生或本堂神甫……先生。
- "大师"这个称号可以用来称呼著名的、公认的画家或雕塑家。

2. 女士

只有在两种情况下，女士才有权使用其丈夫的头衔作为称谓：
- 元帅的妻子（元帅是一个荣誉称号，不是军衔），人们称之为"元帅夫人"。
- 大使的妻子，人们称之为"大使夫人"。

> **注意**
> 有些人很在意自己的头衔，因此在介绍他们时一定要加上。主人应该把这个小细节记到"备忘录"里，我们在下面还会讲到。

口语中使用的诸如"省长夫人""司令夫人"这种称呼应尽量避免，在官方语言中更是不允许出现。

介绍他人

应清楚地说出被介绍人的名字，需要时可以加一些补充，以便人们更好地了解其人，如：

我能向您介绍一下我们的药剂师，乔治-安德烈·勒佩尔捷先生吗？

或者：能否允许我向您介绍一下乔治－安德烈·勒佩尔捷先生？

如果被介绍人很年轻，则无需称其为"先生"，直接说"能否允许我向您介绍一下乔治－安德烈·勒佩尔捷？"

然后介绍另一方：让－菲利普·热拉尔先生，可以加上更确切的信息，也可以不加："我们的新任公证员，刚刚上任来接替退休的帕特里克·戈桑先生。"

如果介绍一对夫妇，要先介绍丈夫再介绍妻子：乔治－安德烈·勒佩尔捷先生及夫人。

自我介绍

如果没有中间人来为双方进行介绍，人们可以自我介绍，但也要遵循一定规则。

- 对男士来说：一般只要清楚地说明自己的姓名即可，不需要加"先生"这个称谓或贵族爵位：
——传统式的：乔治－安德烈·勒佩尔捷；
——隆重式的：请允许我介绍一下自己，乔治－安德烈·勒佩尔捷。

两个人面对面的介绍也是一样。

> **黄金法则：简洁**
> 人们总是喜欢自我介绍简单明了的人。

教士、公证员、律师、医生、军官则可以在自己的姓名前加上称谓，如：

司祭吉勒·普雷沃先生、帕特里克·戈桑先生、让－菲利普·热拉尔医生、帕特里斯·热尔曼中尉。

- 对女士来说：如今的女士可以像男士一样介绍自己：
——已婚女士：热尔曼夫人；
——未婚女士自我介绍时从来不说"弗洛拉·热尔曼小姐"，而是直接说出自己的姓和名：弗洛拉·热尔曼。

与男士一样，女士也可以在自己的姓名前加上身份：卡特林娜·克鲁勒当医生。

如何问候及回应

1. 问候

首先应该向女主人打招呼。

通常打招呼只说"先生""夫人"或"小姐"即可,不用加上对方的姓氏。

元帅被称为"元帅阁下"。

人们不会称呼对方的贵族爵位,除非是公爵或女公爵(最高爵位)。他们是唯一有权享有贵族爵位称呼的人。人们称其为"公爵阁下"或"公爵夫人"。但从来不说"侯爵阁下"或"男爵夫人"。

女士可以称所有上尉以下军衔的军官为"先生",更高的则可以直接称呼对方的军衔,比如司令、上校、将军,并且无需在这些军衔前加上"尊敬的",这一点与男士不同。女士也可以(性别特权)直接称呼任何一位军官的军衔而不必称呼其为"先生"。

男士面对从下士到上尉的军官时,只称呼其军衔,其他的就要在军衔前面加上"尊敬的",如尊敬的司令、尊敬的上校、尊敬的将军,除非他自己的职位比对方还高。不过出于对传统的尊重,在日常生活中,男士也可以在任何一个军衔前加"尊敬的",比如"尊敬的中尉"等等。

对海军上将,人们称其为"上将",而对于海军上校以上的军官则称之为"指挥官"。海军少校以下的军官,人们就只称"先生"。

男士面对:

——女士时,应使用礼节敬语:夫人,请接受我的敬意;
——年轻女孩时,说:您好,小姐;
——另一位男士时,说:您好,先生。

2. 回应

- 永远不要说"幸会"。

- 如果您坚持要表达您的喜悦之情，一定要说一句完整的话：
——很高兴能够与您相识；
——和您认识是我的荣幸。

被介绍的人一定要先伸出手与对方握手。

被介绍的双方可以稍微前倾俯身（小心头碰到一起）或相互微笑示意来代替打招呼。

3. La conversation

Les présentations faites, la conversation peut s'engager. S'il n'est pas donné① à tout le monde de bien parler, ni de parler aisément ou de savoir parler en public, on peut très bien participer honorablement à une converstation en respectant certaines règles. Ensuite, l'habitude aidant②, on saura faire preuve de③ plus d'aisance et de sûreté. Ce chapitre s'applique dans toutes les circonstances : soirée, cocktail, transports en commun ...

Règles

- On ne parle ni trop bas ni trop haut; dans le second cas, cela prouve que l'on n'a pas l'habitude d'être invité, et que l'on cherche à se faire remarquer (ce qui n'est pas admis) .
- Les plus jeunes cèdent la parole au plus âgé et au plus important des interlocuteurs.
- On parle avec la meilleure diction possible afin d'être bien compris.
- Il faut éviter à votre auditoire des innombrables. Que dites-vous ? Vous pouvez répéter ?
- On ne coupe jamais la parole; le faire dénote une grossièreté évidente et une mauvaise éducation.
- Aucun couple ne doit étaler sur la place publique ses différends. On prend garde de④ ne pas démentir son conjoint si celui-ci exprime une opinion qu'on ne partage pas, ni de lui couper la

---

① il n'est pas donné : 这里的意思是 avoir le ton de faire qch 有天赋做某事。即使大家不是都有交际的天赋，也总能找到合适的话题交谈。
② l'habitude aidant : 在习惯的帮助下。
③ faire preuve de : 显示出，表现出。
④ prendre garde de : 注意到。

parole pour enchaîner① à sa place une conversation.
- On parle autant que possible sans accent; si certains accents, en particulier le pied-noir② sont de mise pour animer une soirée intime, il n'en va pas de même③ dans une soirée chic, un cocktail... Bien que pour un étranger, un accent peu prononcé puisse avoir du charme.
- Bien sûr, il faut éviter d'être grossier et vulgaire ; cette notion semble évidente, mais ne gâchez pas votre soirée par un oubli stupide.
- Si vous devez poser une question, faites-le d'une manière simple et naturelle; inutile de se racler la gorge④ ou de prononcer un double "hum" pour attirer l'attention de l'entourage.
- Si vous devez répondre, faites-le de la même manière, avec simplicité et naturel.
- Il est impoli de s'interpeller d'un bout à l'autre d'une table lors d'un repas.
- Si vous arrivez dans un groupe nonveau pour vous, évitez de parler de politique, de religion ou de syndicalisme, ces sujets (délicats) pourront être abordés plus tard si vous devenez membre du groupe à part entière.
- Il n'est pas admis que deux personnes se parlent avec complicité dans une langue étrangère incomprise des autres invités. Ceci est un manque total de politesse et d'éducation, et une attitude discourtoise vis-à-vis des autres invités.
- A table, chaque invité s'adresse tour à tour à son voisin ou à sa voisine de droite et de gauche, ne privilégiant ni l'un ni l'autre.
- Evitez de parler à quelqu'un avec des lunettes noires sur les yeux; il faut qu'on puisse voir votre regard et bien savoir à qui l'on parle : de nombreuses personnes rejettent les porteurs de lunettes noires et s'en éloignent.

---

① enchaîner : *v.t.* 接上话头。
② pied-noir : *n.m.*〈口〉居住在阿尔及利亚的法国人。
③ il n'en va pas de même : [用作 v. impers.] 情况不同。
④ se racler la gorge : *v. pr.* 清清嗓子。

- L'humour, la plaisanterie, l'esprit, l'ironie, la dérision, la raillerie ne sont acceptés qu'en compagnie de personnes qui les apprécient, c'est-à-dire dans des soirées entre intimes.
- S'il n'est pas interdit de faire preuve de contradiction, il n'est pas permis d'utiliser des expressions brutales, comme : *Vous mentez ; C'est tout à fait faux*, etc. On interpelle son interlocuteur par une phrase plus douce : *"Je ne suis pas de cet avis"* ou *"Je crois que vous n'êtes pas tout à fait informé."*

Les sujets de conversation

Les maîtres de maison lancent la conversation, l'animent et la relancent si un ange venait à passer. ①

Les maîtres de maison doivent calmer avec tact une conversation qui s'est emballée ou bien la faire dévier.

Les maîtres de maison doivent, toujours avec tact, faire abréger un parleur prolixe, et relancer la conversation en questionnant une autre personne sur le sujet en cours.

Pour rompre la glace et lancer une conversation, il existe toute une gamme de phrases-clés : Qui a vu le film de ? Qui a vu la pièce de ? A la télévision, qui a vu le défilé de mode de ? Qui a vu le spot publicitaire ... réalisé par ... ? Qui envisage de passer ses prochaines vacances à Tahiti ? Soyez tranquille, de part et d'autre on parlera ! Si le maître de maison est intrépide②, il peut lancer la conversation en parlant de politique ou de tel scandale politique, bien que ce soit assez souvent un sujet délicat à aborder. Inutile de créer une brouille entre deux invités dont les opinions politique seraient opposées. Il serait mal venu de③ voir la soirée se terminer en pugilat. ④

Si l'un de vos invités est spécialisé dans un sujet, questionnez-le, il aura sûrement des anecdotes à raconter.

Dans son "pense-bête" la maîtresse de maison aura noté les sujets

---

① un ange passe : 谈话时出现了长时间的令人尴尬的沉默。
② intrépide : *adj.* 勇敢的，有胆量的，无畏的。
③ être mal venu de : 没有理由做某事。
④ pugilat : *n.m.* 斗殴，打架。

de conversation propres à chacun afin de lancer ou de relancer efficacement une conversation.

Règle d'or
Ne pas laisser s'installer le silence.

3. 交谈

双方互相介绍过后，就可以开始交谈了。虽然不是每个人都有交际的天赋，也不是每个人都能在公共场合侃侃而谈，但是我们在遵循一些规则的情况下，还是可以很好地参与谈话的。如果有机会经常出席这种场合，人们就可以表现得更从容和自信了。这一章的规则适用于各种谈话场合：晚会、鸡尾酒会、公共交通场所等等。

规则

- 说话的音量要适中；声音过大会显得人们没见过世面，或想引起别人的注意（这是不允许的）。
- 最年轻的人应该让最年长者或最重要的人先讲话。
- 应该吐字清晰，便于别人听懂。
- 不要反复问对方：您说什么？能再重复一遍吗？
- 不能打断别人的话；这样做会显得非常无礼和没有教养。
- 夫妻二人绝不能在公共场合表现出分歧。如果您的配偶和您意见不一致，那就要注意，千万不要说出不同意见，也不要打断他（她）的话自己插进来说。
- 说话时尽量不要带口音；即使有些口音，尤其是居住在阿尔及利亚的法国人的口音在一些私人聚会上可以活跃气氛，但是在一些比较高级的晚会和鸡尾酒会上，还是要尽量避免。虽然对外国人来说，略带口音会让人觉得很有魅力，但还是建议别带口音。
- 当然，还要避免讲粗话和脏话；这是显而易见的道理，但是千万别犯傻忘了这回事儿而毁了您的晚会。
- 如果您要提问题，简单自然地提问就好；不要用清嗓子或"嗯嗯"两声来吸引周围人的注意，这样做无济于事。

- 如果您要回答问题，也是同样的方法，简单自然为宜。
- 吃饭的时候，从桌子的这头向桌子另一头的客人喊话是不礼貌的。
- 如果您来到一个新集体，尽量避免谈论政治、宗教或工会等话题；这些（敏感的）话题可以等您完全融入这个群体以后再谈。
- 在有其他客人在场的情况下，两个人不能用其他人不懂的语言亲密交谈。这绝对是无礼和缺乏教养的表现，也是对其他客人的当面冒犯。
- 在餐桌上，每个客人都应兼顾左右两边的客人，与他们轮流交谈，不能只和左边，或只和右边的人讲话。
- 与人说话时不要戴着墨镜；应该让别人看到您的目光，让他知道自己在和谁说话。很多人都不愿意和戴墨镜的人说话并远离他们。
- 幽默、玩笑、机智、讽刺、嘲讽、取笑的谈话方式，只有在欣赏它的人面前才容易被接受，也就是密友间的聚会上。
- 虽然人们可以表达不同意见，但是不可以用粗鲁的语言，比如：您在撒谎；这完全是错的等等。人们应该以一种更温和的方式说话："我不太同意这个观点"或者"我想您可能没有完全了解情况"。

谈话的主题

　　主人先引起话题，活跃气氛，如果出现长时间令人尴尬的沉默，还要再引出新的话题。

　　如果在谈话中发生冲突，主人应该适度控制大家的情绪，或转换话题。

　　如果某人说话太啰嗦，主人在注意讲话分寸的前提下可以提醒他简明扼要，还可以就谈论的话题向另一位客人发问，从而开始新一轮的讨论。

　　有一些巧妙的句子可以用来打破僵局，开始谈话：谁看过……的电影？谁看过……的戏剧？谁看了电视上……的时装表演？谁看了……导的……广告片？谁下次放假打算去塔希提岛？

然后，安心等待吧，总会有人说话的！如果主人比较大胆，他还可以谈论政治或某个政治丑闻，虽然这通常都是敏感话题。如果两个人政见不一致，那就别在他们之间制造不合。谁也不愿意看着晚会在争吵中结束。

如果您的客人中有某领域的专家，那就问他这方面的问题吧，他肯定有轶闻趣事可讲。

在备忘录中，女主人应该记下适合每个人的话题，以便能有效地引出或转换话题。

黄金法则
千万别冷场。

4. Savoir-vivre à table

La table est l'entremetteuse de l'amitié

La cuisine ne sera pas évoquée dans cet ouvrage, chacun préparera les repas spécifiques à ses invitations.

Jules Renard[①], l'auteur de *Poil de Carotte*[②] aimait à dire : "*Vous êtes ici comme chez vous, mais n'oubliez pas que j'y suis chez moi*[③]." Très prévenant, comme on vient de le dire, ce même humoriste conseillait d'essayer de ne pas manger double, afin que le voisin mange une fois.

Vous invitez

Recevoir est un art : dans de nombreux pays (Afrique du Nord, Etats-Unis), une carafe d'eau et des verres sont immédiatement mis à la disposition des invités. On invite de vive voix[④], par téléphone ou par voie postale (bientôt aussi par e-mail, c'est-à-dire par message sur Internet).

Les invitations

Elles se font par carton spécial, ou par carte de visite, une dizaine de jours avant la date fixée. Les intimes pourront être invités par téléphone. La courtoisie veut que l'on réponde à une invitation. Vos cartes seront brièvement libellées :

---

① Jules Renard : 儒勒·列那尔（1864—1910），法国作家。
② Poil de carotte :《胡萝卜须》，儒勒·列那尔的代表作。
③ 本句的意思是主人客气一下是正常的，但是你不要真的拿自己不当外人。
④ vive voix : *n.f.* 活生生的声音，这里指当面邀请。

> M. et Mme Georges-André Lepeltier
> 18 rue de Bellechasse - 75007 Paris (code 9443 MG8)
> Chers amis, vous nous ferez grand plaisir en participant à notre dîner du vendredi .... à 20 heures.
>
> R.S.V.P.

On peut indiquer, éventuellement, les noms des autres invités afin qu'à l'avance chacun puisse savoir qui sera de la soirée.

Les devoirs de l'invité : réponse et fleurs ou cadeau ?

Le premier devoir de l'invité est de répondre rapidement à une invitation, par téléphone ou par une carte de visite. Un invité doit-il envoyer des fleurs ou un cadeau avant la réception ? Ce sont les circonstances qui lui dicteront la conduite à tenir.

- *Les fleurs*

On envoie des fleurs seulement aux femmes. Le choix des fleurs impose à l'homme quelques règles :
- il n'offre pas de roses rouges à une jeune fille (cette couleur est celle de la passion) ;
- il n'offre des roses qu'en nombre impair (3, 5, 7, 9, 11, etc.) ;
- il s'abstient d[1] 'envoyer des œillets et des chrysanthèmes (ces derniers rappelant les cimetières) .
- il n'offre pas de fleurs à quelqu'un qui habite à la campagne (cela se comprend) .

Sauf en cas de dîner entre intimes, il vaut mieux ne pas arriver un bouquet de fleurs à la main, ce qui obligerait la maîtresse de maison à chercher aussitôt un vase alors que d'autres tâches demandent sa présence. Néanmoins, prudente, elle pourra avoir prévu des vases.

- *Le cadeau*

Si vous devez faire un cadeau, faites-le le plus discrètement possible

---

[1] s'abstenir de : *v.pr.* 克制，避免，剪除。

afin de ne pas gêner ceux des invités qui n'auraient pas eu votre geste①, et de préférence lorsque la maîtresse vous aura fait entrer. Celle-ci s'efforcera d'en faire état② au cours de la soirée. On n'offre jamais des victuailles ou du vin (le maître de maison aura tout prévu), ou seulement lors de réunions très familiales.

Le "pense-bête" de la maîtresse de maison

On ne doit surtout pas oublier de remercier ceux qui ont accepté l'invitation. C'est un raffinement dans la courtoisie du bien-recevoir.

La maîtresse de maison note les goûts, préférences et affinités de ses invités. Si un invité a manifesté son goût pour un fromage, il en trouvera sur le plateau à fromages lors d'une prochaine invitation. Après chaque réception, elle prendra note des choix de ses invités. Inutile de servir des tomates farcies à ceux qui ne les aiment pas ! Il faut en tenir compte dans l'élaboration des menus : en aucun cas, même à trois mois d'intervalle, ne servir les mêmes plats.

La maîtresse de maison mettra à jour③ son carnet de notes chaque fois qu'elle verra une amélioration possible, afin de ne rien oublier pour sa prochaine soirée. Avec ce carnet, ce ne sera plus possible.

Une bonne maîtresse de maison ne se minimise jamais, ni ne regrette sans cesse le manque de tel condiment ou de tel autre. Elle n'insiste pas non plus sur ses faibles talents de cuisinière, etc. L'indulgence de ses invités lui est acquise d'avance, puisque son invitation a été accepté.

L'accueil et le portemanteau

Si un empêchement sérieux ne vous permet pas d'arriver à l'heure, téléphonez aussitôt que possible pour l'expliquer et vous excuser.

De nos jours, un usage stupide veut que④ l'on arrive dix à quinze minutes plus tard que l'heure indiquée sur l'invitation. Ce quart d'heure est toutefois le maximum admis. La courtoisie veut qu'on arrive à

---

① qui n'auraient pas eu votre geste : 其他的客人没有像您一样的动作。意思是没有准备礼物。
② faire état : 考虑。
③ mettre à jour : 更新。
④ vouloir que+subj : 此处是表愿望，后面接虚拟式。

l'heure. La ponctualité n'est pas un défaut. Toutefois, on se gardera d'arriver bien avant l'heure afin de ne pas déranger la maîtresse de maison dans ses préparatifs.

Maître et maîtresse accueillent ensemble chaque invité.
Présentations et salutations sont faites comme ci-dessus.
Si l'on dispose d'un portemanteau, on offrira un cintre (ou deux) à chaque invité pour y déposer son manteau. Il est parfaitement admis que l'on dépose ses vêtements à plat sur un lit.

Les animaux

Certains de vos invités peuvent avoir une phobie① pour nos aimables quadrupèdes. Sur votre carton d'invitation, pensez à préciser si les invités peuvent venir ou non avec leur animal familier.

Les apéritifs

Les apéritifs peuvent être servis au salon ou à table, et constituent un moment important et convivial. Ils permettent d'attendre les derniers arrivants, d'engager des conversations...

Un choix de boissons alcoolisées sera proposé, ainsi que des jus de fruits et des eaux minérales. Dans une soirée entre intimes, il est admis qu'on serve en apéritif le premier vin qui sera servi à table.

La "kémia" ②, chère aux gens d'Afrique du Nord, est en France l'équivalent des amuse-gueules : cacahuètes, des de fromage, chips (classiques, mexicaines, vietnamiennes), rondelles de saucisson...

La table : la place de chacun

Attention aux superstitions. Certains convives sont chatouilleux et n'admettent pas d'être treize à table. La maîtresse de maison veillera bien à inviter douze ou quatorze personnes (encore qu'une défection soit possible).

Les maîtres de maison président la table. Ils sont assis au milieu de la table et non en bout de table, et décalés l'un par rapport à l'autre.

---

①   avoir une phobie : 恐怖，厌恶。
②   Kémia : *n.f.* 北非的一种点心，此处是音译。

La maîtresse de maison a à sa droite l'invité d'honneur ou le plus âgé des invités (qui est assis face au maître de maison).
La maîtresse de maison a à sa gauche le second invité en âge.
Le maître de maison a à sa droite l'invitée d'honneur ou la plus âgée des invitées (elle est donc face à la maîtresse de maison).
Le maître de maison a à sa gauche la seconde plus âgée des invitées.
Les autres invités sont ensuite placés selon les règles suivantes :
- on alternera hommes et femmes, en prenant soin de tenir compte de l'âge, du milieu social et des affinités, tout en ménageant les susceptibilités①;
- pour éviter la formation de "clans" déstabilisateurs, on évitera de placer côte à côte des invités qui se connaissent déjà ;
- les conjoints ne sont placés ni face à face ni côte à côte.
Seule exception autorisée, les couples qui sont mariés depuis moins d'un an (il faut ménager la tendresse) ;
- les fiancés (quel que soit leur âge) ne sont jamais séparés.
A l'invite de la maîtresse de maison les invités gagnent la table. Lorsque chacun est debout à sa place, la maîtresse de maison fait signe de s'asseoir. Elle-même est la première à le faire. Les hommes sont les derniers à le faire.

La table : disposition générale
Une table bien mise ouvre l'appétit. Pour éviter de nombreux déplacements à la cuisine, la maîtresse de maison prendra la précaution de disposer sur une table roulante ou sur un meuble, tout ce dont elle aura besoin pour le service. La table sera recouverte d'une nappe blanche, correctement repassée, ou de sets de table pour un repas intime.
A moins d②'être un fantaisiste forcené, dans ce cas la table est couverte d'un ensemble disparate de couverts de toutes formes et de toutes couleurs, on disposera d'assiettes, de verres et de couverts de même forme et de la même teinte. Tout ne doit être qu'harmonie.

---

① susceptilité : *n.f.* 易怒，敏感性。
② à moins de : + inf. *loc.prép.* 除非，如果不。

D'emblée[①], cure-dent, porte-cure-dent et huilier sont exclus de la table.

Sont répartis sur la table :
- salières et poivriers (on évitera de disposer d'une salière et d'un poivrier pour douze !) ;
- les carafes d'eau (pas d'eau minérale, sauf pour repas intime) ;
- les vins sont posés sur des dessous de carafes, des "ronds" antigouttes au goulot ;
- corbeilles de pain, ou un petit pain posé à côté du couvert à droite, ou dans une coupelle à gauche des couverts de chaque convive.

Enfin, en dressant sa table, la maîtresse de maison veillera à ce que[②] chaque invité ait un espace suffisant pour être à l'aise.

La table : les couverts

La serviette se plie en triangle et se place sur l'assiette.

Les assiettes ne sont jamais empilées[③], sauf celle à potage qui peut reposer sur une assiette plate.

Les assiettes sont disposées à environ deux centimètres du bord de la table, décor orienté vers le haut si elles en comportent un.

Le ou les couteaux sont placés à droite de l'assiette, la lame tournée vers l'intérieur. En partant de l'assiette nous aurons le couteau, le couteau à poisson, la cuillère à consommé.

La ou les fourchettes sont placées à gauche, les dents reposent sur la nappe. En partant de l'assiette nous aurons la fourchette puis la fourchette à poisson.

Le verre à eau (le plus grand des deux), suivi du verre à vin, indispensables et obligatoirement à pied, sont placés devant l'assiette de gauche à droite. Si nécessaire, on ajoute un troisième verre plus petit : le verre à vin blanc. Les verres ne sont pas renversés mais posés sur pied (tant pis pour la poussière qui pourrait s'y déposer) .

La maîtresse de maison veillera à essuyer soigneusement les verres

---

① d'emblée : *adv.* 一下子。
② veiller à ce que : + subj. 注意使，务必使，保证使。
③ empiler : *v.t.* 堆积，堆放。

avec un torchon propre, pour éliminer toute trace de doigts ou de poussière. Elle agira de même avec les assiettes et couverts qui devront être d'une propreté irréprochable.

La table : la décoration

Pour rendre sa table attrayante, en plus du spectacle des couverts bien mis, la maîtresse de maison peut la décorer d'un ou deux petits bouquets de fleurs ; ceux-ci doivent être sans parfum et assez bas pour ne pas gêner la conversation (parler à travers un grand bouquet de fleurs n'est pas très pratique), ni empiéter sur la place dont dispose chaque convive.

Le service

La maîtresse de maison présente chaque plat, pointes des converts de service vers l'intérieur, stables et non en équilibre sur le bord du plat.

Chaque convive se sert en prenant le morceau qui se présente devant lui, sans choisir, le plat repassera une seconde fois. Il est impoli de refuser un mets sous prétexte qu'on ne l'aime pas.

Après s'être servi, chaque convive replace les couverts de service comme il les a reçus, pointes en bas et stabilisés, avant de présenter le plat à son voisin.

La maîtresse de maison commence la première après avoir veillé à ce que tous ses invités aient été servis. Elle n'insiste pas en cas de refus.

Elle veillera tout au long du repas à ce que ses invités soient correctement servis. La maîtresse de maison se sert toujours deux fois, mettant à l'aise ses invités par cette symbolique seconde part. Potage et fromages échappent à① cette règle.

En fin de repas, elle garde une part dans son assiette pour attendre, s'il le faut, un invité qui tarderait à terminer la sienne, ne donnant pas ainsi à celui-ci l'impression qu'on l'attend.

Tenue è table

Si besoin est② on réservera les chaises les plus confortables aux

---

① échapper à : 逃跑，逃走。这里指是……的例外。全句意思是汤和奶酪可以随意取。
② si besoin est : 如果需要的话。

invités d'honneur, aux personnes âgées et aux dames.

Il faut se tenir sur sa chaise bien calé, bien droit, dans une position naturelle et confortable. On ne se balance jamais sur sa chaise.

Les mains, préalablement lavées, sont visibles, posées de chaque côté de l'assiette. Les coudes sont serrés contre le corps pour ne pas gêner ses voisins.

La serviette se pose sur les genoux, non complètement dépliée. Elle ne s'attache jamais autour du cou.

Il faut s'essayer délicatement les lèvres avant de boire et régulièrement après quelques bouchées.

Il est interdit de s'essuyer la bouche avec le revers de la main ou avec un morceau de pain, ou d'essuyer ses mains avec la nappe.

Les couverts sont saisis par le milieu du manche et ils ne sont jamais tenus verticalement, la pointe en l'air.

On ne porte jamais un couteau à la bouche.

A la fin du repas, chaque convive pose sa serviette dépliée à droite de l'assiette. La déposer repliée semblerait suggérer que vous vous attendez à être invité au prochain repas !

Les couverts sont posés côte à côte sur l'asssiette et jamais en croix.

On évite de garder le petit doigt levé en l'air lorsqu'on saisit son couvert.

Discours

Un discours se prépare à l'avance, il doit être clair, concis et court : l'improvisation donne rarement de bons résultats. Le discours peut être quelques notes ou un texte complet. On ne prend la parole qu'à la condition expresse[①] d'y avoir été invité. Il est tout à fait admis de lire un texte, si on n'a pas le talent ou l'expérience de s'exprimer à l'aide de quelques notes.

Pour prononcer son discours, l'orateur est debout et saluera d'abord les invités suivant l'ordre des préséances, puis il remerciera ceux qui l'invitent à prendre la parole. L'orateur doit s'efforcer de parler lentement et avec distinction. Si plusieurs orateurs doivent prendre la

---

① à condition expresse : 在明确的情况下。

parole, c'est la personne la moins importante qui parle en premier et la personne la plus importante en dernier. Il n'est pas admis de reprendre la parole après elle. Les invités peuvent applaudir à la fin d'une allocution.

Toast

Le toast consiste, au terme d[①]'un discours, à boire à la santé d'une personne que l'on veut honorer, au succès ou à la prospérité d'une entreprise. Un discours tenu après un repas peut s'achever par "Nous levons tous ensemble notre verre à la réussite de ce projet qui nous réunit aujourd'hui et auquel nous croyons tous" ou "Nous levons tous ensemble notre verre au bonheur de monsieur et madame Garrigou, nos hôtes."

Le verre éventuellement levé en direction de la personne nommée par l'orateur, on boit une gorgée et on repose sans bruit son verre sur la table. Il sera bu entièrement par la suite.

> **Règle d'or**
> Radio, chaîne hi-fi, télévision ne doivent fonctionner. Rien n'est plus lamentable que des invités s'époumonant pour parler sur une musique ou une ambiance de fond.
> A table, on ne parle pas la bouche pleine.

Le vocable "toast" est un vieux mot français, "la toste", qui jadis était une tranche de pain rôtie que les convives mettaient dans un verre de vin que l'on levait ensuite à la santé de l'un d'eux. Quand la coupe et son contenu avaient fait le tour de la tablée[②], la toste (du latin *tostus :* grillé) était avalée par celui qui l'avait trempée. En allant en Angleterre, le E final est tombé, remplacé par un A intercalaire.

Fin de repas, lever de table

Dès que le repas est terminé, et après s'être assurée qu'aucune

---

① au terme de : 在……结束时。
② tablée : *n.f.* 同桌进餐的人们。

conversation engagée ne soit interrompue, la maîtresse de maison se lève pour passer au salon.

Les convives doivent aussitôt baisser de ton, quitter la table sans bruits de chaises inutiles et suivre la maîtresse de maison au salon. Les dames passent en premier.

Café, digestifs

Le café n'est jamais servi à table. La tasse à café est posée sur une soucoupe, la petite cuillère bien stable sur la soucoupe et non dans la tasse. On tourne la cuillère à café discrètement et sans bruit et on la repose dans la soucoupe.

Deux écoles s'opposent quant à la pince à sucre : ceux qui l'estiment désuète et se servent du sucre à la main, et ceux qui l'emploient par mesure d①'hygiène. Prendre un morceau de sucre tripoté par d'autres...

Si on ne désire qu'une moitié de sucre, on casse un morceau très discrètement et on repose sur la soucoupe la moitié non utilisée, et jamais dans le sucrier !

L'après-dîner

Arrivé au salon, il est rare que de petits groupes ne se forment, soit par affinités, soit pour poursuivre une conversation commencée à table.

La maîtresse de maison doit faire de petites visites à chacun de ces groupes, prendre part aux conversations, demander aux femmes des nouvelles plus personnelles de leur santé, de leurs enfants.

Le maître de maison est chargé du service des digestifs dans des verres appropriés : verres "ballon" pour les cognacs et armagnacs② et petits verres pour les eaux-de-vie③ blanches.

Il est admis de faire servir des rafraîchissements ou une eau pour les invités qui le souhaitent ou qui ne prennent pas d'alcool.

---

① par mesure de : 出于……的考虑。
② armagnac : *n.m.* (法国) 阿尔马尼亚克烧酒。
③ eau-de-vie : *n.f.* 白兰地。

Toute chose a une fin

Les invités doivent savoir partir à une heure raisonnable, ni trop tôt ni trop tard, et c'est à celui qui est le plus âgé et le plus important de donner le signal du départ. Le couple le plus âgé et le plus important peut donner le signal du départ, mais jamais un ou une célibataire.

Si les invités ne parviennent pas à partir, s'ils sont là, sur une jambe, à se demander comment ils vont prendre congé, les maîtres de maison doivent les y aider. C'est toujours assez difficile. Certaines maîtresses de maison font appel à la complicité d'un invité qui donnera le signal du départ le moment venu. Mais s'il se trouve des incorrigibles de l'incrustation① il faudra ruser avec tact ! De toute manière, la maîtresse de maison doit se réjouir : si on s'incruste c'est que sa soirée est vraiment réussie. Une astuce consiste à annoncer l'heure du dernier métro, nul invité ne souhaite rater le dernier métro, le dernier bus, le dernier RER !

Bien évidemment on salue et on remercie les maîtres de maison.

Le maître de maison aide ses invités à endosser leur manteau et raccompagne jusqu'au pas de la porte. Un invité n'ouvre jamais la porte, ce geste incombe au maître de maison.

Même si la soirée est particulièrement réussie et les conversations passionnantes, et à moins que les maîtres de maison insistent expressément pour vous retenir, on ne doit pas s'attarder lorsque les autres invités sont presque tous partis.

Maîtresse et maître de maison ne doivent manifester aucun signe de lassitude si les conversations traînent en longueur ou si les invités s'incrustent.

Les remerciements

Les remerciements doivent être faits dans les jours qui suivent la réception : un appel téléphonique pour les relations intimes, quelques lignes sur une carte de visite pour des relations moins proches ; ces remerciements dénotent une bonne éducation.

Il est admis de faire également porter des fleurs.

---

① incrustation: *n.f.* 镶嵌。这里指待在某人家里不走的行为。

Monsieur a invité son patron et madame. La maîtresse de maison a été prévenue et a tout organisé comme ci-dessus.

La maîtresse de maison doit faire "comme pour les autres", ne pas être crispée et rester naturelle. Sa toilette doit être sobre et élégante, sans effets de décolleté ou de robe trop moulante.

Exemple de remerciement sur carte de visite :

M. ET MME GEORGES-ANDRÉ LEPELTIER
Ingénieur des Ponts et Chaussées

Nous avons été comblés par cette soirée si réussie : vos amis Germain nous sont très sympathiques et vous avez l'art de créer une atmosphère conviviale.
Encore merci et à très bientôt.

Le maître de maison doit l'avoir informée au préalable de tout ce qu'il sait sur son invité afin d'éviter toute gaffe, lieu de naissance, loisirs, etc.

La maîtresse de maison ne doit pas essayer de trop briller devant l'épouse de l'invité de marque[1], mais être aussi prévenante que possible. De cette manière, elle défendra la cause de son mari. Rien n'est plus influent qu'une femme de directeur devenue une alliée !

La maîtresse de maison doit laisser parler son mari même si celui-ci exagère un peu, et ne pas l'interrompre. Sans doute sait-il ce qu'il dit.

Si le directeur évoque un fait quelconque où le maître de maison est intervenu, la maîtresse de maison ne doit pas montrer qu'elle est déjà au courant. Tout d'abord parce qu'elle couperait impoliment la parole, ensuite parce qu'elle n'est pas censée[2] savoir tout ce qui se passe au bureau.

Les noces : une bonne occasion d'inviter

Chaque couple à sa façon fête ses années de mariage : les premières

---

[1] de marque : 著名的，高品质的。
[2] être censé : 被认为，被看作。

années surtout. Ensuite on fêtera les années principales, cinq, dix, quinze, vingt ans de mariage, etc. La presse nous relate les nombreuses fêtes de monsieur Eddie Barclay[①] repassant pour la forme devant monsieur le Maire. Les noces sont donc une bonne occasion de se retrouver et de s'asseoir autour d'une table pour partager un repas de fête.

Années de mariage

Chaque année de mariage a un nom traditionnel :

Coton ou Papier : 1er année de mariage	Cretonne : 19ème	Mercure : 38ème
Cuir : 2ème	Porcelaine : 20ème	Crêpe : 39ème
Froment[②] : 3ème	Opale : 21ème	Emeraude : 40ème
Cire : 4ème	Bronze : 22ème	Fer : 41ème
Bois : 5ème	Béryl : 23ème	Nacre : 42ème
Cuivre : 6ème	Satin : 24ème	Flanelle : 43ème
Laine : 7ème	Argent : 25ème	Topaze : 44ème
Coquelicot : 8ème	Jade : 26ème	Vermeil : 45ème
Faïence : 9ème	Acajou : 27ème	Lavande : 46ème
Etain ou fer : 10ème	Nickel : 28ème	Cachemire : 47ème
Corail : 11ème	Velours : 29ème	Améthyste : 48ème
Soie : 12ème	Perle : 30ème	Cèdre : 49ème
Muguet : 13ème	Basane : 31ème	Or : 50ème
Plomb : 14ème	Cuivre : 32ème	Diamant : 60ème
Cristal : 15ème	Porphyre : 33ème	Platine : 70ème
Saphir : 16ème	Ambre : 34ème	Albâtre : 75ème
Rose : 17ème	Rubis : 35ème	Chêne : 80ème
Turquoise : 18ème	Mousseline : 36ème	
	Papier : 37ème	

---

① Eddie Barclay：埃迪·巴尔克莱（1921—2005），法国著名音乐制作人。
② froment：*n.m.* 小麦（blé）的别名。本表格其他生词请参考译文。

4. 餐桌礼仪

餐桌是友谊的桥梁

本书不会介绍各种菜肴，因为每个人请客时都会准备自己的特色餐。

《胡萝卜须》的作者儒勒·列那尔喜欢说："您在这儿就跟在自己家一样，但别忘了我才是主人。"像我们刚刚说过的一样，这种说法非常客气，列那尔还建议我们不要吃双份，这会导致旁边的人只能吃一次。

您请客

接待客人是一种艺术。在许多国家（如北非、美国），要随时为客人备好水和杯子。邀请的方式可以为当面邀请、打电话，或者通过邮局发请柬（也可以通过 e-mail，即通过网上发信息邀请客人）。

请柬

请柬一般写在专门的卡片或名片上，并且在请客日期的十几天前发给客人。非常亲密的朋友之间可以通过电话邀约。出于礼貌应该回复请柬。您的邀请卡片应该简要列出：

> 乔治－安德烈·勒佩尔捷 先生及夫人
> 贝勒沙斯大街 18 号，75007 巴黎（邮编 9443 MG8）
> 亲爱的朋友们，诚邀您＿＿＿日周五 20 点出席我们的晚宴，
> 您的到来将会让我们感到万分荣幸。
> 请回复

需要的话，还可以附上其他客人的名单，以便大家提前知道在晚会上可以见到谁。

客人的义务：回复，带鲜花还是礼物？

客人的首要义务就是迅速回复请柬，不管是通过电话还是名片。客人在去之前要不要送鲜花或礼物呢？这要依情况而定。

- **鲜花**

鲜花只能送给女士。在花的选择上，男士要遵守下列规则：
——不能给年轻的女孩送红玫瑰（因为红色代表激情）；
——只能送单数枝的玫瑰（3、5、7、9、11 枝等）；
——不能送康乃馨和菊花（菊花让人想起墓地）；
——不要给住在乡下的人送花（这个很好理解）。

如果不是密友之间的晚餐，最好还是别带花来，这样女主人还得去找花瓶，她还有许多其他事情要忙活呢！不过，如果女主人考虑周全的话，她很有可能准备了花瓶。

- **礼物**

您如果要送礼物，最好等女主人请您进门后，尽可能以不引人注目的方式给她，避免让没有准备礼物的客人尴尬。女主人在晚宴过程中也要尽量注意这一点。一般不要送食物或酒（男主人一般都准备好了），除非是熟人之间非正式的聚会。

女主人的"备忘录"

千万别忘了感谢那些接受您邀请的人。这是良好接待礼仪的点睛之笔。

女主人应该记下客人的口味、爱好以及他们的共同喜好。如果一位客人提到过他喜欢某种奶酪，那么下次宴会上，他就会在盘中看到他喜欢的奶酪。每次接待完毕后，女主人都得记下每位客人选择的菜。不要给不喜欢番茄牛肉盅的人上番茄牛肉盅！在定菜单时一定要注意：任何情况下，即使两次宴请中间隔了三个月，也不能出现同样的菜。

每次女主人看到有可能改进的地方时，都应该更新自己的备忘录，以便下次宴请时不会有什么遗忘。有了这个小本子，就不容易忘掉。

好的女主人一定不会贬低自己,也不会因为少放了某种调料而惋惜遗憾。她也不会强调自己缺少厨师天赋,等等。客人在接受邀请时,就已经意味着他们会对这一切表示宽容了。

接待和衣物架

如果遇到要紧事不能准时赴约,一定要尽快打电话解释情况并道歉。

如今存在一个愚蠢的做法,即人们会比请柬上标明的时间晚到 10 到 15 分钟。这一刻钟已是允许迟到的最大限度。其实出于礼貌,人们还是应该准时到达。准时不是缺点。但仍然要注意,尽量不要提前到达以免影响女主人的准备工作。

男女主人应该一同迎接每一位客人。

介绍和问候方式就按我们上文介绍过的那样做。

如果有衣物架的话,可以给每个客人一个(或两个)小衣架挂衣服。客人也完全可以把衣服平放到床上。

动物

您的某些客人可能会特别害怕猫狗。在您的邀请函里一定要记得写明,客人是否可以带宠物。

开胃酒

开胃酒可以在客厅聊天时供应,也可以在客人就餐时供应,喝开胃酒也是一段很重要的交际时光,聊天的同时,也可以等待晚来的客人……

与果汁、矿泉水一样,酒精类饮料也可以作为聚餐时的备选饮品。在密友间的聚会上,人们可以把上桌的第一杯葡萄酒当成开胃酒饮用。

对北非人而言很昂贵的"凯米亚",在法国却很普通常见,它不过是和花生、奶酪块、薯条(传统式的、墨西哥风味的、越南口味的)、香肠片等零食一样的开胃点心。

餐桌：座次有序

注意忌讳问题。有些客人非常敏感，他们很介意13个人同桌吃饭。女主人一定要注意邀请12或14个客人（还要考虑到万一客人来多或来少的情况）。

男女主人上桌就坐。他们坐在桌子中间而不是两端，并且分开就座。

女主人的右边是最尊贵或最年长的男客人（这位客人同时也坐在男主人的正对面）。

女主人的左边是第二年长的男客人。

男主人的右边是最尊贵或最年长的女客人（这样她刚好面对女主人）。

男主人的左边是第二年长的女客人。

其他客人按以下规则就座：

——男女间隔坐，还要考虑到客人的年龄、社会地位和兴趣爱好，同时还要处理好一些敏感的细节问题；

——为了避免大家抱团，应该尽量避免把互相认识的客人安排在一起；

——夫妻二人既不能面对面也不能紧挨着坐；

唯一例外的，就是结婚还不到一年的夫妻（因为要照顾他们的感情）；

——订婚的未婚夫妻（不论多大年纪）都不应被分开。

受到女主人邀请之后，客人们走近餐桌。当大家都站定之后，女主人示意大家坐下。女主人应首先就座，男士们最后落座。

餐桌：常见的摆放方式

精心布置的餐桌能带来好胃口。为了避免来来回回往厨房跑，女主人应该准备一个带滑轮的小桌子或家具，在上面放好需要使用的所有东西。餐桌应该铺上熨烫平整的白色餐布，亲朋好友之间还可以用小台布。

除了疯狂的艺术家可能会在餐桌上摆出一套颜色和形状各异的餐具外，人们一般应使用相同形状和颜色的盘杯和餐具。餐具应整体配套。

牙签、牙签盒、作料瓶架不要摆上桌。

摆在餐桌上的东西有：

——盐瓶和胡椒瓶（不要给12个人只用一个盐瓶和一个胡椒瓶！）；

——几瓶水（不能是矿泉水，除非是亲朋好友之间）；

——酒摆在杯垫上，或套上止滴环。

——面包筐或者小面包，小面包可以放在每个客人右边餐具的旁边，或者客人餐具左边的小盘子里。

最后要注意的是，女主人在摆放餐桌时，一定要保证给每位客人都留出足够的舒适空间。

餐桌：餐具

餐巾叠成三角形放在餐盘上。

盘子绝不能摞起来，除非是汤碗可以放在一个平底盘子上。

盘子放在距离桌边2厘米左右的地方，如果有图案的话，图案不要颠倒，面朝客人摆正以供欣赏。

刀放在盘子的右边，刀锋朝里。从盘子往右，依次是刀、鱼刀，还有汤勺。

叉子放在盘子左边，叉齿贴桌布放置。从盘子往左，依次是叉、鱼叉。

水杯（两者中较大的那个）和酒杯都必须是高脚杯，从左到右摆在盘子上方。如果有需要，还可以再加一个更小的白葡萄酒杯。杯子不能扣着，应该口朝上正放在桌子上（如果有灰尘进去也没办法啦）。

女主人要用干净的抹布把杯子仔细擦干净，不要留下指纹和灰尘。盘子、餐具等也要擦干净，让人无法挑剔。

餐桌：装饰

为了使餐桌看起来有吸引力，除了把餐具摆得好看之外，女主人还可以在餐桌上摆上一两束花作为装饰；花不要有香味，花束不能过高过大，否则会挡住客人的视线而影响彼此交谈（隔着一大束花谈话实在是不方便），更不能挤占各个客人的桌上空间。

取食

每道菜都由女主人亲自呈上，取食用的公用餐具尖朝里放稳，不能架到盘子上。

每位客人每次取自己面前的那一小块，不要挑挑拣拣，菜还会再轮一遍。以不喜欢为由而拒绝吃一道菜是不礼貌的。

自己取完餐后，要把公用餐具重新摆回原样，餐具尖朝下放稳，然后才能把这道菜再传给邻座的客人。

在确定每位客人都取了食物之后，女主人应该第一个开吃。如果哪位客人坚持不吃的话，她也不应该勉强。

在整个就餐过程中，女主人一定要周到地招待每位客人。女主人一般会取食两次，通过这个象征性的第二轮，让其他想再吃点的客人不会感到拘束。汤和奶酪则不受这个规则约束，就餐过程中可取多次。

饭快吃完时，如果需要的话，女主人会在盘子里留少量食物细嚼慢咽，借此机会来等哪位还没吃完的客人，这样这位客人就不会有别人专门在等他的感觉，避免客人的尴尬。

就餐礼仪

应该把最舒适的椅子留给最尊贵、最年长的客人或者女士。

一定要在椅子上坐稳、坐直，姿势自然而舒适。不能在椅子上晃来晃去。

手要提前洗干净，放在大家能看到的位置，可以放在盘子两边。胳膊肘夹紧，贴着身体，以免影响到临座。

餐巾放在膝盖上，不用完全展开。但是不能把它系在脖子上。

喝东西之前，应该轻轻地擦擦嘴，喝过之后也要擦嘴。

禁止用手背，或一小块面包擦嘴，也不能用桌布擦手。

拿餐具时应握住餐具的手柄中间，绝对不能把餐具竖起来，尖朝天。

嘴里绝对不能叼着一把刀。

饭后，每位客人把餐巾展开，放在盘子右边。如果把它叠起来放好像是说您希望下次吃饭再被邀请！

餐具一个挨一个地摆在盘子上，不能交叉放置。

尽量避免拿餐具时翘起小拇指。

讲话

发言应该提前准备好，清楚、精练、简短，即兴发言往往效果不好。发言可以是几个要点或是完整的一篇讲话。只有明确受到邀请时，才能发言。如果实在没有才能和经验凭借一个提纲就能表达清楚的话，可以朗读演讲稿。

发言时，发言者须站立，按照座位依次向客人问好，然后向邀请他讲话的人致谢。发言时语速尽量放慢，吐字清楚。如果有多个发言人，次要的人第一个发言，最重要的排最后。不能在这个重要人物发言之后再补充发言。讲话结束时客人们应该鼓掌。

祝酒

发言结束时会进行祝酒，目的既可以是为某人的身体健康干杯，也可以为了庆祝某个企业的成功或繁荣。祝酒词可以说："这个计划把我们团结在一起，我们曾共同努力，对计划的实现坚定信念。现在让我们共同举杯，为这个计划的成功而干杯！"或"让我们大家共同举杯，祝咱们的东道主，卡里古先生和夫人幸福！"

酒杯应朝向演讲所提到的人，喝一小口即可，然后把杯子轻轻放到桌子上，不要发出声响。之后再慢慢喝完。

黄金法则

发言时不要使用收音机、高保真音响和电视机。原因显而易见，如果发言者需要提高嗓门，甚至声嘶力竭才能压过背景声音或音乐的话，那就太糟糕了。

在餐桌上，嘴里有东西时不要说话。

"toast"这个词源于法语中一个古老词汇——"la toste"，以

前指一块烤面包片，客人们把它泡在酒杯里，然后举杯庆祝某人身体健康。当酒杯在客人们之间转一圈之后，最后回到把面包片泡进酒杯的那个人手中，然后他吃掉这片面包（拉丁语是 tostus：烤的）。这个词传到英语里，去掉词末的字母 e，中间插入一个字母 a。

饭后，退席

晚餐一结束，女主人在确定没有打扰别人谈话的前提下，率先站起来去客厅。

客人们也应该立刻放低音量，悄悄退席，跟随女主人去客厅。女士走在前面。

咖啡，助消化饮料

吃饭的时候是不会上咖啡的。咖啡杯和咖啡勺都放在一个茶托上，而不要把勺子放进咖啡杯里。人们轻轻地用勺子搅动咖啡，不能发出声音，用完再把它放回茶托上。

至于夹糖的镊子，有两种相悖的观点：有人认为应该废除使用镊子的旧习而改用手去拿糖，但也有人出于卫生习惯始终使用镊子。我们可以想一下，拿一块被别人摸过的糖的确不太卫生。

如果人们只想要半块糖，就悄悄地把糖弄碎，不要引人注意，然后把不用的那半块糖放在茶托上，绝不能放回糖碟里！

餐后

到客厅后，人们一般会按照兴趣爱好或刚才在餐桌上开始的某个共同话题组成小组。

女主人要挨个去看一下这些小组，并参与谈话，可以向女士们问一些比较私人的问题，身体啊，孩子啊等等。

男主人负责根据杯子的不同倒入不同的餐后酒：球形杯里倒干邑白兰地和阿马尼亚克烧酒，小杯子里装白色白兰地。

如果客人需要，或有客人不喝酒的话，也可以给他们提供冷饮或水。

天下没有不散的宴席

客人们应该懂得在合适的时间告辞，既不要太早，也不要太晚，而且还得由最年长或最重要的人示意告辞。一对最年长或最重要的夫妇可以发出这个信号，但是单身的人不行。

如果客人们想走却走不了，如果他们已经很无聊，又不知道怎么告辞的话，主人应该过去帮他们一把。这种事总是很难开口。有些女主人会找机会提醒负责示意告辞的那位客人的密友。但如果真有人赖着不走，那就应该耍些有分寸的小花招了！不管怎么样，女主人都应该高兴，如果客人们赖着不想走，说明晚会举行得很成功。有一个办法就是告诉大家最后一班地铁的时间，没有一个客人希望错过最后一班地铁，最后一班公交车和最后一班快车！

当然，客人应该向主人告别并致谢。

男主人帮助客人穿上大衣，然后陪他们一直到门口。客人们不能自己开门，这个动作属于主人。

即使晚会非常成功，话题非常有趣，如果没有主人的再三挽留，人们绝不能在其他客人差不多都走了的情况下还待着不走。

如果话题还在继续，或者客人们还没有走，男女主人都不能表现出任何疲倦的迹象。

致谢

做客后的几天内应该向主人致谢：关系比较亲近的打个电话就可以，不太亲近的在名片上写几行字也行；致谢是一种有教养的表现。

也可以送花致谢。

如果男主人邀请了他的老板及太太。女主人得知后，按以上规则准备晚会即可。

女主人对他们应该"像对待其他人"一样，不要紧张，尽量自然。打扮要优雅，有分寸，不要袒胸露背或穿太紧身的衣服。

例如，在名片上如何致谢：

> 乔治-安德烈·勒佩尔捷先生及夫人
> 桥梁河堤工程师
> 这次成功的晚宴让我们愉快至极：你们的朋友热尔曼一家对我们非常友好，你们非常善于营造融洽的氛围。
> 再次表示感谢，再见。

男主人应该提前告诉女主人他所知道的关于客人的一切事情，比如出生地点、兴趣爱好等，以免说出不合时宜的话。

女主人不要在贵客的妻子面前太耀眼，不要抢人家的风头，尽量和蔼可亲就好。这样做，她可以为丈夫的事业助力。如果能与上司的妻子搞好关系，那肯定是大有好处的。

女主人应该尽量让男主人说话，即使他有点夸张，也不要打断他。没准他知道他自己在说什么。

如果上司谈到工作上的某个事情，而男主人又刚好参与其中的话，女主人不要表现出自己已经知道的样子。这样做有两点弊端，首先她打断对方的讲话，这肯定不太礼貌；其次她要是对丈夫办公室的事情了如指掌，说明她丈夫把工作上的一切都告诉了她，这也犯了职场大忌，不利于丈夫以后的事业发展。

结婚纪念日：请客良机

每对夫妇都会以自己的方式庆祝他们的结婚周年纪念日，尤其结婚头几年。之后，人们会庆祝结婚五年、十年、十五年、二十年等几个重要的年份。媒体给我们报道了埃迪·巴尔克莱先生的多次结婚纪念仪式，都是在市长先生面前走走形式。结婚纪念日是一个很好的聚会良机，借此机会大家可以围坐在桌前共享节日盛宴。

结婚周年纪念

结婚的每一年都有一个传统的名字：

棉婚或纸婚：结婚1周年
皮婚：结婚2周年
小麦婚：3周年
蜡婚：4周年
木婚：5周年
铜婚：6周年
羊毛婚：7周年
丽春花婚：8周年
陶婚：9周年
锡婚或铁婚：10周年
珊瑚婚：11年
丝婚：12年
铃兰花婚：13年
铅婚：14年
水晶婚：15年
蓝宝石婚：16年
玫瑰婚：17年
绿松石婚：18年
提花婚：19年
瓷婚：20年
蛋白石婚：21年
青铜婚：22年
绿玉婚：23年
缎子婚：24年
银婚：25年
玉婚：26年
桃木婚：27年
镍婚：28年
鹅绒婚：29年
珍珠婚：30年
软羊皮婚：31年
铜婚：32年
斑岩婚：33年
琥珀婚：34年
红宝石婚：35年
平纹织物婚：36年
纸婚：37年
汞婚：38年
绉纱婚：39年
绿宝石婚：40年
铁婚：41年
珍珠质婚：42年
法兰绒婚：43年
黄玉婚：44年
镀金婚：45年
薰衣草婚：46年
羊绒婚：47年
紫水晶婚：48年
雪松婚：49年
金婚：50年
钻石婚：60年
白金婚：70年
大理石婚：75年
橡树婚：80年

5. La soirée cocktail

Organisation

L'organisation diffère peu d'une invitation classique. L'accueil, le vestiaire①, les présentations, se feront classiquement. Dans un cocktail, les invités sont généralement debout. Ceux-ci évoluant② du buffet au salon, libérez le maximum de place au centre de celui-ci. Pensez à retirer vos tapis si vous craignez qu'ils soient salis.

Les invitations

Elles se font par carton spécial ou par carte de visite, une dizaine de jours avant la date fixée. Les intimes pourront être invités par téléphone. Si on n'est pas tenu d'③assister à un cocktail, la courtoisie veut que l'on réponde à une invitation. Vos cartes seront brièvement libellées :

> M. et Mme Georges-André Lepeltier
> 18 rue de Bellechasse-75007 Paris (code 9443 MG8)
> recevront pour un cocktail
> Vendredi...... de 18 à 20 heures.
>
> R.S.V.P.

Les réponses

Elles se font soit d'une manière classique par un bref message sur une carte de visite : "vous remercie de votre invitation et assistera à votre cocktail du vendredi......".

Entre intimes, on a vu des réponses plus pertinentes, plus fantaisistes

---

① vestiaire : *n. m.* 衣帽间，更衣室，引申指衣物。
② évoluer : *v. i.* 变换位置，变换队形。
③ être tenu de : 被迫做某事，不得不做某事。

sur du papier façon parchemin① déchiqueté et en vieux français : "A tous présent et à venir scavoir faison que présanct seront au cocktail de messire et dame Lepeltier le vendredy......②", quand ce n'est pas à la manière des corbeaux avec lettres ou bouts de phrases découpées dans un journal.

L'heure

Autrefois, l'heure du cocktail était de 5 à 7. Les dames surtout étaient présentes à ces heures-là. Les messieurs y étaient relativement peu nombreux, ceux-ci étant retenus par leurs affaires.

De nos jours, l'horaire idéal semble être de 6 à 9 (18 heures-21 heures) . De très nombreuses femmes travaillent et ne pourraient être présentes si l'on conservait les horaires d'autrefois. Elles arriveront comme les hommes à partir de 18h 30—19 heures. Toutefois, les premiers arrivés seront certainement vos invités en préretraite ou à la retraite.

Toilettes

Demandez toujours à la maîtresse de maison quelle toilette③ adopter. Les toilettes sont généralement plus décontractées. En général, les robes cocktail sont courtes, légèrement décolletées. Parfois, certaines extravagances sont permises.

Attitude des maîtres de maison

Ils vont de groupe en groupe, tout en ne quittant pas la porte des yeux pour accueillir les nouveaux arrivants.

Si un nouvel arrivant ne connaît personne, il doit être présenté à quelques amis. Les maîtres de maison seront ainsi libérés pour les invités suivants.

---

① parchemin : *n.m.* 羊皮纸。
② 现代法语为：A tous qui sont présents et ceux qui vont venir, nous faisons savoir que nous serons présents au cocktail de monsieur et madame Lepeltier le vendredi. 致所有已经到场和即将到场的人，我们周五将会出席勒佩尔捷先生及夫人的鸡尾酒会。
③ toilettes : 复数通常表示厕所，这里指衣着打扮。

Buffet

Il est généralement disposé contre un mur dans la largeur de la pièce. Vous pouvez préparer vous-même amuse-gueules et petits fours. Toutefois vous pouvez vous éviter cette peine en vous adressant à un traiteur spécialisé qui saura parfaitement préparer tout ce dont vos invités auront besoin. L'ensemble des amuse-gueules et petits fours sera disposé sur la table de façon à ce que① chaque invité puisse y accéder sans trop de difficulté. Seront également présentes des piles de serviettes en papier aux motifs et couleurs variés. Bien qu'en principe les invités piquent petits fours et amuse-gueules au hasard de② leur fantaisie en évoluant auprès du buffet, une formule sympathique consiste à préparer des plateaux qui seront eux-mêmes posés sur la table, ce qui vous permettra de les passer de groupe en groupe, et de servir ceux qui ne peuvent franchir le barrage des éternels agglutinés.

Que comporteront ces plateaux ?
- des verres et différentes boissons ;
- un seau à glace ;
- du champagne et ses flûtes ;
- un assortiment d'amuse-gueules, salés et sucrés ;
- des serviettes en papier.

Karaoké

La mode nous vient d'Asie. Il arrive que dans une soirée cocktail, pour détendre l'atmosphère, les maîtres de maison fassent circuler les paroles de diverses chansons qui seront chantés en même temps que le disque tournera. Succès garanti pour la détente. Nul n'est tenu de③ chanter.

---

① de façon à ce que : *loc. conj.* 为了，从句用虚拟式。
② au hasard de : *loc.préo.* 以……而定。
③ nul n'est tenu de : 不要强人所难做某事。

Conseil
Du fait du nombre d'invités et des différentes boissons, prévoyez tout de même pour chacune de celles-ci un nombre égal de verres à celui des personnes présentes.

5. 鸡尾酒会

组织

　　组织鸡尾酒会和组织传统的宴会没有太大区别。迎宾、着装、介绍都是按传统方式进行。在鸡尾酒会上，客人们通常都站着。他们沿着客厅的餐桌走，这样可以把客厅的可用空间发挥到最大。如果担心地毯被弄脏，可以提前把它撤走。

邀请

　　在酒会举行的十几天前，应该用专门的卡片或者名片发出邀请。亲朋好友之间可以通过电话邀请。如果您不是极不情愿去参加晚会，出于礼貌应该回复邀请。邀请卡片可以这样简短地写：

　　　　乔治－安德烈·勒佩尔捷先生夫人
　　　贝勒沙斯大街18号，75007（邮编：9443 MG8）
　　　　　　邀请您参加鸡尾酒会
　　　　　＿＿日周五晚上6点—8点

　　　　　　　　　　　　　　　　　　　请回复

回复

　　可以遵循传统方式在名片上写几句简短的话："感谢您的邀请，并将参加＿＿日周五的鸡尾酒会"。
　　在亲朋好友之间，我们见过更贴切、更花哨的回复方式，它是在边上破损的羊皮纸上，用古法语写道："致到场和即将到场的来宾，我们将会出席勒佩尔捷先生及夫人周五举办的鸡尾酒会……"，但是可不要用匿名的方式，从报纸上剪下字母和句子来拼成一封信哦！

时间

以前，鸡尾酒会的时间通常安排在下午 5 点到 7 点。尤其是女士们一般都是这个时候到。男士们则相对会晚一些，因为这个点他们还在忙工作。

现在，理想的时间大致在下午 6 点到 9 点（18h-21h）。如果还固守以前的时间，那么女士们也没几个能准时到了，因为很多女士也要工作。她们和男士一样，差不多是在晚上 6 点半至 9 点期间赶来参加酒会。而最早来的一批客人肯定是离退休人员。

着装

去之前要咨询一下女主人穿什么服装比较合适。日常着装往往太休闲。鸡尾酒会的礼服通常会比较短，稍微有点低胸。有时候也允许出现一些新奇的装扮。

主人的态度

主人应该到三三两两扎堆的每组人中去看看，同时眼睛随时注意着门，以便及时去欢迎新来的客人。

如果某位新来的客人一个人也不认识，主人应该把他介绍给其他几个朋友，帮助他们熟络起来。他们相谈甚欢后，主人就可以腾出时间来迎接后来的客人了。

自助餐桌

自助餐桌通常沿房间较宽的方向靠墙摆放。您可以自己准备一些小甜点或小面包。如果嫌麻烦，您还可以找一个专业外卖店，他们肯定清楚客人们的需要。甜点和小面包应该放在桌子上大家容易够到的位置。还应该摆上一些用途和颜色各异的纸质餐盘。虽然从原则上来讲，客人们是沿着餐桌，根据甜点和小面包的不同类型来随便挑几块吃，但是仍然要准备好托盘摆在桌子上，这不失为一个好办法，因为这样一来，您就可以利用托盘把东西传到各个小组，还可以递给那些受到阻隔过不来的客人。

托盘上能放什么？

——杯子和各种饮料
——冰淇淋桶
——香槟和高脚香槟杯
——甜点拼盘，咸的和甜的
——餐巾纸

卡拉 OK

这是从亚洲传来的时尚。在鸡尾酒会上，为了调节气氛，主人会播放不同的歌曲，客人们可以在音乐的伴奏下唱歌，气氛肯定相当轻松。当然啦，不是每个人都必须唱歌。

> **建议**
> 要考虑到每位客人都有喝到每种饮料的可能，所以要给每种饮料都准备和客人人数同样多的杯子。

6. La soirée musicale

(ou soirée à thème)

Vous êtes amateur de musique ? Vous disposez d'un vaste salon ? La soirée musicale est pour vous. Vous aurez à cœur de[1] partager avec des amis des moments musicaux parfois inoubliables.

Organisation

L'organisation diffère peu d'une invitation classique. L'accueil, le vestiatre, les présentations se feront comme énoncés ci-dessus.

Dans une soirée musicale, les invités sont assis comme à un spectacle ou en demi-cercle.

Les invitations

Elles se font par carton spécial ou par carte de visite, une dizaine de jours avant la date fixée. Les intimes pourront être invités par téléphone. La courtoisie veut que l'on réponde à une invitation. Vos cartes seront brièvement libellées :

M. et Mme Georges-André Lepeltier
18 rue de Bellechasse-75007 Paris (code 9443 MG8)
recevront pour une soirée musicale
avec le pianiste _____
ou
avec les musiciens _____
vendredi _____ de 19 à 21 heures.

R.S.V.P.

---

① avoir à coeur de : +inf. 努力于、专心于某事。

Les réponses

Elles se font rapidement soit d'une manière classique par un bref message sur une carte de visite ou par téléphone.

Toilettes

Demandez toujours à la maîtresse de maison quelle toilette adopter. Les toilettes de soirée sont toutefois de mise[①].

Buffet

Il est disposé et organisé comme pour un cocktail. N'oubliez pas les serviettes et les rince-doigts[②].

Du fait du nombre d'invités et des différentes boissons, prévoyez tout de même pour chaque boisson un nombre égal de verres à celui des personnes présentes.

Présentation du ou des musiciens et remerciements

Le maître de maison et/ou la maîtresse de maison présente(nt) le ou les musiciens en quelques mots convenus d'avance avec eux. Un programme a pu être établi et distribué aux invités.

Le "concert" dure rarement au-delà d'une heure. Après le "concert", le maître de maison et/ou la maîtresse de maison félicite(nt) le ou les musiciens. Les applaudissements se font discrets.

Il est admis de prendre des photos avec l'accord des maîtres de maison, mais il n'est pas admis de procéder à un enregistrement audiovisuel pour des questions de droits (le on les musiciens peuvent être sous contrat avec une maison de disques), sauf accord express du ou des musiciens.

La conclusion de la soirée musicale se fera comme pour une soirée classique.

---

① être de mise：合适的，适宜的。

② rince-doigts：*n.m.*（用餐时或用餐后洗手指用的）洗手碗。

6. 音乐晚会
（或主题晚会）

您是音乐爱好者？您有一个大客厅？那么，音乐晚会就是为您量身定做的。您将和朋友们尽情享受难忘的音乐时光。

组织

音乐晚会的组织和传统邀请没有什么区别。接待、着装、介绍都和上文提到的一样。

在音乐晚会上，客人们像观看节目那样落座或者围成半圆。

邀请

邀请函要写在专门的卡片或名片上，在晚会举行日期的前十几天发出。亲朋好友之间可以打电话相约。出于礼貌人们应该对邀请函做出回复。您的卡片可以用下面的简短方式写出来：

> 乔治－安德烈·勒佩尔捷先生及夫人
> 贝勒沙斯大街18号，75007巴黎（邮编9443 MG8）
> 　　　　与钢琴师 _____
> 　　　　　　或
> 　　　　音乐师 _____
> 　　一起等候您参加他们的音乐晚会
> 　　_____日周五晚7点至9点
> 　　　　　　　　　　　　　请回复

回复

应该迅速回复，要么是用传统的方式在名片上写一个简短的答复，要么是打电话回复。

着装

先问一下女主人什么样的服装合适。至少穿晚礼服是适宜的。

自助餐桌

餐桌的摆放和组织形式与鸡尾酒会一样。别忘了准备餐巾和洗手碗。

每位客人都有可能喝到每种饮料,所以要给每种饮料都准备和客人人数同样多的杯子。

一位或数位乐师的介绍与致谢

主人用提前和乐师商量好的几句话来介绍他。还可以制作一张节目单并发给每位客人。

"音乐会"很少会延续一个小时以上。"音乐会"结束后,主人要对乐师表示庆贺,掌声不要太大。

得到主人同意的话,客人们可以拍照片。但是由于版权问题,禁止录制任何视听制品(乐师可能和哪个唱片公司有合同),除非得到乐师的许可。

音乐晚会的结束方式和传统晚会一样。

7. Fêtes et anniversaires

Nous vous donnons en annexe les principales fêtes à souhaiter. Pour d'autres prénoms, nous renvoyons le lecteur à notre ouvrage *Choisir un prénom* paru dans la même collection.

Les invitations et l'organisation se feront comme pour toute autre invitation. Toutefois l'organisation sera différente pour célébrer :
- les noces d'Emeraude des grands-parents, par exemple, qui est une grande fête familiale (parents proches et lointains, jeunes et moins jeunes sont conviés) ainsi que de nombreux amis, voire des collègues de travail ;
- l'anniversaire d'un jeune, la famille est présente ainsi que ses amis ;
- l'anniversaire d'un adulte, où bien qu'invités[①] les jeunes partiront bien vite pour se retrouver entre eux !

---

① 此句应在 invités 后加逗号，或这样表达 où（关系代词，指代在成人的生日会上）bien que les jeunes soient invitée, ils partiront bien vite pour se retrouver enre eux！意思是，在成人的生日会上，虽然年轻人也受到了邀请，但是他们还是很快就走了，为的是他们自己可以聚到一起。

7. 节日和周年庆典

　　法语里有不少圣名日，即许多圣人出生的那天渐渐演变成可以庆祝的主要节日。而普通民众也经常以自己生日所对应的圣名作为自己的名字。对于其他普通的名字，我们的读者可以去阅读我们同一个系列出版的另一本书《教你选个法语名》。

　　节日的邀请和组织像其他邀请一样。但是，庆祝以下节日时，组织方式有点不一样；

——比如，祖父母的绿宝石婚对家庭来说是一个重大节日（无论近亲、远亲，年轻还是年老的都被请来），还有很多朋友，甚至是工作中的同事。

——年轻人的生日，家人和朋友都要出席；

——成人的生日，孩子们虽然被邀请，但过不了多久，他们就会离开成人自己聚在一起！

8. Au restaurant

Autrefois, on invitait surtout chez soi : les maîtres de maison se faisaient un devoir d'offrir à leurs invités un accueil chaleureux et une bonne table①. Aujourd'hui, dîner au restaurant est une fête appréciée de tous.

L'organisation en est des plus simples et se prête aux② rythmes de la vie moderne et, surtout, appréciée des maîtresses de maison, soucieuses de ne pas voir des invités s'incruster : une réception au restaurant ne se prolonge guère③ tard dans la nuit. On fera attention à ne pas inviter des personnes trop âgées, généralement accompagnées de leurs problèmes de santé.

Le déjeuner étant plutôt réservé aux repas d'affaires, nous préférerons le dîner plus propice à la détente et à la convivialité.

Choisissez bien votre jour d'invitation, en semaine il semble que le personnel soit plus accessible alors qu'il est débordé du vendredi soir au dimanche soir !

Votre choix du type de cuisine étant fixé, intervient le choix du restaurant. La réservation s'effectue généralement par téléphone, mais il est admis de procéder à un "repérage" ④.

Invitation
Elle se fait généralement de vive voix ou par téléphone.

Présentations
Pour les présentations, le salut, la place, la tenue à table (néanmoins plus décontractée) et la conversation, on agira comme indiqué

---

① une bonne table：一桌美味。
② se prêter à：*v.pr.* 适合于。
③ ne...guère：*adv.* 不大，很少，不怎样。
④ repérage：*n.m.* 定位，定向，测向。此处指探路，即直接去餐厅订餐。

précédemment.

Vêtements
Si pour être à l'aise un homme désire ôter sa veste, il doit au préalable en demander la permission à la dame qui l'accompagne.

Retard
A chaque invité sera communiqué les coordonnées exactes du restaurant et un ou plusieurs numéros de téléphone (portable des invitants) afin qu'un invité qui arriverait en retard ou se désisterait au dernier moment puisse facilement prévenir les invitants.

8. 在餐厅

以前,人们一般在家里请客:主人们的职责是热情招待客人,并提供一顿美餐。今天,大家更愿意到饭店吃饭。

组织这样的活动是最简单的,也比较适应现代化的生活节奏,特别是受到女主人们的青睐,在家请客她们老是担心客人逗留太久,在餐厅请客时间则不会拖得太晚。但是要注意,不要邀请年纪太大的客人,这也是考虑到客人的健康问题。

午餐一般都是工作餐,所以人们偏爱更放松、更易于交流感情的晚餐。

慎重选择请客日期,一般在工作日时比较容易请到客人,因为从周五晚上到周日晚上大家都会安排得满满的!

选定菜式后,就该选择餐厅了。一般打电话就可以预订,但也可以直接去餐厅订餐。

邀请

邀请一般当面发出或通过电话邀请。

介绍

介绍、问候、就座位置、着装(更休闲)和交谈,都像本书前面所讲的那样做。

着装

男士如果想脱掉外套更放松、更舒服一些,一定要提前得到陪同女伴的同意。

迟到

应该把餐厅的确切地址告诉每位客人,并告诉他们一个或几个请客人的电话号码,这样某位客人如果迟到,或最后时刻决定不来时,能够很容易地告知请客人。

9. Repas d'affaires

Organisation : les invitations

Le repas d'affaires est un moyen agréable de négocier ou de traiter des problèmes dans un cadre plus chaleureux qu'une salle de réunion, même agréablement agencée[①] et décorée. On invite aussi pour fêter la conclusion d'une affaire. Les invitations se font généralement par téléphone ou de vive voix à l'occasion d'une rencontre professionnelle. L'invitant prendra soin de demander son avis à l'invité : salle fumeur ou non-fumeur ?

Organisation : le restaurant

Le restaurant est à choisir en fonction de la personnalité de l'invité, de ses goûts si on a pu les connaître, et également de la rapidité du service. A l'inverse des repas de famille, le repas d'affaires n'a pas la durée pour lui.

L'invitant prendra soin de tenir à jour[②] un utile "Carnet de restaurants" dans lequel sera noté le restaurant, l'adresse et le téléphone, ses jours d'ouverture et de fermeture, sa cuisine, table ronde existante, salons particuliers[③], le service rapide ou lent, etc.

L'invitant réserve sa table directement ou par téléphone et vérifiera la veille ou l'avant-veille que la réservation est bien notée. Les coordonnées du restaurant sont à communiquer à l'invité sans retard.

Organisation : RDV et invité

L'invitant prend l'invité à son bureau ou donne directement rendez-vous au restaurant choisi. Dans ce cas l'invitant se doit d'[④]arriver le premier et de vérifier que tout est en ordre : table retenue, agencement, etc.

---

① agencer : *v.t.* 装饰，美化。
② tenir à jour : 这里指 mettre à jour 更新。
③ salon particulier : *n.m.* 这里指餐厅的雅间。
④ se devoir de : 应当，必须，一定。

L'invité se doit de ne pas se faire attendre et d'être à l'heure. S'il pense être en retard, il prévient l'invitant soit en téléphonant au restaurant soit en l'appelant sur son téléphone portable, en donnant une heure approximative de son arrivée.

Le restaurant : la table

La table ronde convient mieux si les participants sont quatre ou plus, sinon on préférera la table classique pour un repas d'affaires à deux.

Afin de faire place à la conversation, les commandes sont à passer au plus vite. L'invitant guide son invité dans les menus ou les plats à la carte, et ne lui impose ni apéritif, ni vin si celui-ci préfère avoir les idées claires et boire de l'eau minérale.

La conversation

Les commandes étant faites, l'invité bien installé et à l'aise, la conversation peut débuter. Dans un repas d'affaires, il n'est nullement[①] déplacé de sortir un stylo, un carnet de notes, un catalogue ou un document pour clarifier une explication ou illustrer un argument. Si l'invitant doit savoir écouter son invité, il doit savoir aussi faire preuve d'éloquence et de persuasion.

Conclure un repas d'affaires

Sauf imprévu, développement de l'affaire traitée par exemple, l'invitant doit savoir conclure un repas d'affaires. L'addition se règle par carte de crédit. L'invitant n'oubliera pas de proposer de raccompagner son invité si celui-ci est venu en transports en commun.

Règle d'or du repas d'affaires

Que la cuisine soit succulente et les vins excellents, l'invitant doit garder la tête froide (ne pas laisser vaincre par le bon vin), avoir les idées claires et rester en permanence courtois (savoir résister à un manque de courtoisie de son invité).

---

① nullement : *adv.* 和 ne 连用，决不，一点也不。例如：Cela ne me regarde nullement. 这与我毫无关系。

9. 商务宴请

安排：邀请

吃饭的时候谈事情或处理问题是一个好办法，一间会议室，即使布局装饰再舒适，谈话的气氛也肯定不如吃饭的时候。人们也会为庆祝某件事情的圆满结束而设宴。一般是通过电话邀请，但是如果因为工作机会见了面的话，也可以当面邀请。请客人要注意征求客人的意见，选择餐厅的吸烟区还是非吸烟区。

安排：餐厅

请客人应根据客人的性格特点，以及所了解到的客人口味来选择餐厅，同时兼顾上菜速度。商务宴请与家庭聚餐不同，持续时间不宜过长。

请客人可以准备一个非常实用的"餐厅记录本"，并经常更新。记录本上可记下餐厅的相关信息，例如：餐厅名字、地址电话、营业日和休息日、菜式、圆桌数量、雅间、上菜速度等等。

请客人可直接去餐厅或打电话预订位子，并且应在宴请前一两天确认预订信息。餐厅信息一定要及时告知客人。

安排：会面与客人

请客人把客人请到办公室或者直接跟他约好在选定的餐厅见面。如果是后者，请客人应该第一个到达餐厅，并确认一切都安排妥当，比如预留的座位、布局等等。

客人不能让请客人等自己，而应该准时到。如果觉得可能会迟到，就应该打电话到餐厅，或直接打给请客人，提前告知他大概什么时间可以到达。

餐厅：餐桌

如果吃饭人数有四人或四人以上，那么圆桌会比较合适，否则人们还是倾向于传统的商务宴请两人专座的餐桌。

为了给交谈留出时间，点菜应该尽快结束。请客人帮助客人点菜，或点套餐，或单点。如果客人想只喝矿泉水来保持清醒的话，那么就不要勉强他喝开胃酒或葡萄酒。

交谈

点菜结束，客人坐定并比较放松时，谈话就可以开始了。在商务宴请中，为了讲清楚一件事情或证明某种观点而去拿笔、笔记本、目录或者材料是非常不得体的。请客人固然要懂得聆听客人，但也要善于向对方证明自己的口才和说服力。

结束商务宴请

除非碰到意外情况，比如商讨的事情还在继续，否则请客人应该懂得何时应该结束一场商务宴请。账单用信用卡支付。如果客人是乘公共交通工具来的话，请客人不要忘了向他提议送他回去。

商务宴请的黄金法则

不管菜肴多么可口，酒是多么美味，请客人一定要保持清醒（别让好酒把您灌醉了），要头脑清楚并一直保持礼貌（还要懂得应对客人失礼的情况）。

10. Transports en commun

Bus

Présentez votre titre de transport[①] (carte orange[②] hebdomadaire ou annuelle) au conducteur[③] (le machiniste)[④] en le qualifiant d'un aimable "bonjour" ou d'un "bonsoir" suivant l'heure. Un sourire peut parfois suffire. Même si les grèves des transports sont agaçantes, les agents sont néanmoins des personnes comme les autres et un peu d'amabilité est toujours la bienvenue. Ne manifestez pas votre mauvaise humeur envers le machiniste ou envers un contrôleur qui vous prie de lui montrer votre billet, tous deux font leur métier et ne sont en rien responsables de vos petits malheurs. Gardez votre titre de transport tout au long de votre trajet. Ne le jetez que dans les poubelles mises à la disposition des voyageurs. Vérifiez avant de quitter le bus que vous n'oubliez aucun bagage ou sac. Gardez-vous de jeter à terre papier, canette de bière et autres emballages.

Des bus comportent des places réservées (signalées par des petits cœurs de couleur verte) aux infirmes, aux femmes enceintes, aux personnes âgées. N'utilisez pas ces places inutilement et cédez-les de bonne grâce[⑤] à une personne prioritaire. Les jeunes hommes, les jeunes filles et les messieurs offrent leur place aux dames, sauf les hommes âgés qui restent assis. Mais un monsieur âgé peut céder sa place à une personne plus jeune et visiblement fatiguée. Les enfants et les jeunes restent debout, et peuvent s'asseoir si des places sont libres. Il est tout à fait inadmissible de voir des enfants assis ou des ados[⑥]

---

① titre de transport : *n.m.* 交通证件。
② carte orange : *n.f.* 橙卡，交通卡的一种。
③ conducteur : *n.m.* 司机，驾驶员。一般指汽车、卡车等车类。
④ machiniste : *n.m.* (公交车、地铁的) 驾驶员，司机。
⑤ de bonne grâce : 乐意地，高兴地。
⑥ ado :〈口〉青少年（adolescent 的缩写）。

vautrés[1] dans leur siège alors qu'une femme enceinte ou une dame âgée reste debout ! Le responsable de cette déplorable attitude n'est pas l'enfant, mais les parents chargés de son éducation.

Métro et RER

On agira de la même manière que dans un bus, en respectant les places réservées (signalées par des petits cœurs verts, comme dans les bus), en ne jetant aucun papier ou détritus à terre, etc. On évitera d'allonger ses jambes ou de les croiser afin de ne pas gêner la montée ou la descente des autres voyageurs.

Les enfants

On admet facilement que les jeunes enfants aient la bougeotte[2] (nous avons tous été enfant !) mais tout excès devient rapidement insupportable aux autres voyageurs, même les plus tolérants ou les plus résignés. Les parents sauront faire taire et patienter leur progéniture jusqu'à la fin de leur trajet, par exemple par la lecture d'un magazine adapté à leur âge.

Rencontres et retrouvailles

Fréquentés par des millions de voyageurs, bus, métro et RER sont propices à des rencontres et autres retrouvailles. Si un heureux hasard vous fait rencontrer un ami ou une connaissance, abordez-le discrètement, sans démonstration bruyante et sans gêne aucune pour les autres voyageurs. Un homme se lève pour saluer une femme et reste debout même si celle-ci l'invite à rester assis. Aux heures d'affluence dans le métro ou dans les bus, un signe amical permettra à des personnes de se saluer, si elles ne peuvent fendre la foule pour se rejoindre.

Les conversations

Les conversations dans les transports en commun ne sont pas

---

① vautrer : 伸着四肢躺，躺卧。
② bougeotte : *n.f.* 好动癖，旅行癖。

toujours d'un haut niveau intellectuel : le lieu ne s'y prête pas. Si vous devez avoir une conversation, la première règle est la discrétion. Les inconnus qui vous entourent n'ont pas à être tenus informés de vos affaires personnelles, et dans la mesure du possible ne prononcez jamais de noms propres. Il est de votre devoir de ne pas écouter les conversations des autres, ni d'y participer.

En autocar

Les lignes d'autocars imposent aux voyageurs des trajets en commun parfois assez longs. Les règles de savoir-vivre des transports en commun urbains où les voyageurs restent totalement étrangers les uns aux autres ne sont donc pas les mêmes dans les autocars. Ici, les voyageurs peuvent :
- être amenés à échanger leur place (faites-le de bonne grâce, deux personnes auront le plaisir de se retrouver côte à côte) ;
- offrir leur place momentanément pour une partie du trajet (chacun est assis à tour de rôle) ;
- échanger leur lecture ou quelques paroles avec leurs voisins en évitant d'engager la conversation avec un intarissable moulin à prières ou une infernale pipelette !

Le TGV

Fleuron des chemins de fer français, le TGV est vraiment le train qui va très vite : en peu de temps vous voici transporté de Paris, sous la pluie, à Avignon au soleil.

Dans la mesure du[①] possible, votre arrivée se fera avant la cohue et vous rangerez vos valises dans le porte-bagages situé au-dessus de votre place. Si vous devez laisser vos valises dans le porte-bagages situé dans le sas d'entrée, surveillez-les bien : des vols ne sont pas impossibles.

Vérifiez que vous êtes bien dans la bonne voiture et à la bonne place. Et bien sûr que ce soit le bon jour ! Les étourdis, ça existe...

Si, fumeur, vous êtes assis dans une voiture non-fumeurs, déplacez-

---

① dans la mesure de : 在……的情况下，根据……而。

vous aux lieux prévus pour les accrocs① du tabac.

Ne jetez aucun détritus à terre, des petits compartiments situés sous la fenêtre sont à votre disposition.

Rien ne vous oblige à entamer une conversation véritable, sauf quelques dialogues à propos de menus② incidents de voyage, d'une correspondance à prendre. Si vous parlez, restez discret sur vous-même comme sur les autres, ce n'est pas l'endroit où l'on doit faire de confidences③. Il semble que le mieux est de lire journaux, revues, un bon livre, de regarder le paysage ou de dormir, en évitant de ronfler ou de poser sa tête sur l'épaule de votre voisin. Dès que vous en prenez conscience, présentez vos excuses et essayez d'avoir une autre attitude pour dormir.

Il n'est pas admis de donner un pourboire aux personnels de la SNCF④ mais seulement aux porteurs de bagages.

La publicité de la SNCF, comme sur un panneau indicatif, est : Rappel

- Il n'est pas interdit d'être poli avec les contrôleurs — Même si votre ticket est valable.

Votre repas : à votre place

Si vous devez prendre votre repas à votre place, ne transformez pas votre coin en un lieu de pique-nique avec torchon étale, sandwiches aux relents agressifs (type paté de campagne), bouteilles de vin, etc. Prenez de préférence des gâteaux secs, plaques de chocolat, barres énergétiques⑤ et eau minérale pour vous nourrir discrètement sans incommoder votre voisinage. Un compartiment bar est à votre disposition dans le TGV.

Votre repas : au wagon-restaurant

Prenez place à la table que l'on vous indique, en demandant pardon

---

① accroc : 应为 accro (*n.m.*)，入了迷的，吸毒成瘾的。
② menu : *adj.* 细小的，微不足道的。
③ faire de confidences : 讲知心话，吐露隐情。
④ SNCF : Société Nationale des Chemins de Fer Français 法国国营铁路公司。
⑤ barre énergétique : *n.f.* 能量棒。类似压缩饼干的一种食物。

si vous dérangez une personne pour vous asseoir.

Une conversation d'ordre général[1] peut être engagée sans vous y laisser entraîner. Vous prouverez ainsi que vous ne vous isolez pas dans un mutisme discourtois ou hautain. Restez toutefois discret. Demeurez sur la réserve, tout en sachant être aimable.

Une femme a la priorité en tout. A sa demande, un homme doit sans tarder lui passer le sel et les condiments.

Il n'est pas admis d'offrir café, alcools, ou cigarettes, ceci est considéré comme une familiarité de mauvais ton. En aucune façon, ne soyez ni bruyant ni encombrant.

Dans les airs

Les mêmes règles appliquées aux chemins de fer valent pour les voyages en avion. S'il s'agit d'un long voyage (Paris-Tahiti en vingt et une heures !), il est admis de parler avec ses voisins de fauteuil. Les conversations semblent s'engager plus facilement en avion qu'en train. Sachez vous interrompre au moment du film ou bien si votre voisin préfère dormir ou lire. Si votre voisin souffre du mal de l'air[2], aidez-le dans la mesure de vos possibilités, et dissimulez les troubles que cela peut entraîner chez vous.

Il n'est pas admis de donner un pourboire aux hôtesses de l'air, aux stewards, aux agents de la compagnie d'aviation, mais seulement aux porteurs de bagages.

En bateau

La vie en bateau est fort agréable et plutôt décontractée. Toutes les règles de savoir-vivre et de préséance doivent être observées, en particulier aux restaurants.

On respectera également le désir d'indépendance et de tranquillité de certaines personnes préférant le "transatlantique" aux divers jeux et divertissements proposés à bord.

Pour avoir choisi ce mode de transport (en commun), chacun se doit

---

[1] ordre général : *n.m.* 此处指常规的，普通的东西。
[2] mal de l'air : *n.m.* 晕机。

de participer aux activités proposées, d'accepter de nouer de nouvelles relations, de se monter① un agréable compagnon de table et de croisière.

La cabine commune

Si vous êtes contraint de partager une cabine avec une personne qui vous est inconnue :
- veillez à ne pas envahir toute la place disponible, mais utilisez seulement l'espace qui vous est alloué tacitement ;
- ne laissez pas votre lumière allumée inutilemeut ;
soyez aussi propre que possible ;
- intéressez-vous à l'autre personne sans pour autant entrer dans sa vie privée ;
- un fumeur s'abstiendra totalement et de bonne grâce de fumer si l'autre personne le lui interdit.

---

① se monter : 应为 se montrer (v. pr.)，显示出自己。

10. 公共交通

公共汽车

　　向司机（驾驶员）出示您的交通证件（周票或年票），同时根据时间，加上一句亲切的"早上好"或"晚上好"。有时候笑一下就够了。虽然交通界的罢工很令人恼火，但员工也是普通人，友好一点总是受欢迎的。不要把您的坏情绪向司机或要求您出示车票的检票员发泄，他们只是在履行自己的本职工作，而且并不是他们造成了您的不快。在整个行程中都要保留好票据，下车后只能把它们扔在专为乘客准备的垃圾筐里。在下车之前确定一下自己有没有忘记行李或箱包。注意不要随地丢纸屑、啤酒罐和其他包装盒。

　　公共汽车上一般有残疾人、孕妇、老人专座（有绿色心形标志）。不要白白占着这些座位，应该主动把它们让给更需要的人。小伙子、年轻女孩和男士应该把座位让给妇女，除非是老年男子才可以坐着。但老年先生可以把座位让给虽然年轻一点，但明显很累的人。孩子和年轻人应该站着，如果有多余的空座位的话也可以坐着。身旁站有孕妇或老年妇女时，家长应该让坐着的小孩子或青少年给她们让座，而绝不允许自己的孩子仍然坐在或躺在座位上熟视无睹！孩子们如果出现这种可悲的态度，错不在他们自己，而在负责教育他们的父母。

地铁或快线

　　在地铁或快线上的礼貌行为就和在公共汽车上一样，也要注意不要坐预留专座（也是绿色心形标志），不要把纸或碎屑扔到地上等等。有其他乘客上下车时不要把腿伸直或跷二郎腿，以免影响他人。

孩子

　　人们一般很容易包容小孩子的多动（我们都是从孩子过来的）。但太过分的话，即使最包容、最大度的乘客也会变得忍无可忍。父母应该让孩子保持安静，并尽量设法让他们耐心等待旅行结束，比如让他们看适合他们年龄的杂志。

相遇与重逢

公车、地铁或快线上每天都有上百万乘客，这些地方也就成为相遇或重逢的绝佳地点。如果碰巧您遇到一位朋友或认识的人，悄悄走过去就行了，不要喧哗或影响到其他乘客。男士应该起身向女士致意，即使女士客气地让男士坐着，他也应该站着打招呼。在地铁或公车的高峰时间，如果很难穿过拥挤的人群来相见的话，微笑示意一下就可以了。

交谈

在公共交通工具上交谈并不是明智之举，这不是说话的地方。如果你们非要聊天的话，首要原则就是要隐秘。您周围的陌生人并不想听到您的私事，如果可能的话，尽量不要提到某人或某事。您也不应该听和参与别人的对话。

在长途客车上

乘客们在长途客车上通常会有很长时间的共同旅行。这时的礼仪和在市里搭乘公共交通工具就不一样了，那里所有乘客从头至尾都完全不认识，而在这里，乘客可以：

——应他人的要求换座位（助人为快乐之本，两个本不坐在一起的熟人因您的成全而能挨着坐的话会很高兴的）；
——暂时把座位让给别人一段时间（每个人都可以轮流坐一会）；
——和邻座交换读物，或交谈几句，但是要避免像念经似的喋喋不休或者当一个令人受不了的唠叨鬼。

快速列车

作为法国铁路的精品，快速列车的速度的确很快；短时间内，您已经从下雨的巴黎来到了阳光明媚的阿维尼翁。

可能的话，您最好比大多数人提前到达车站，这样您就有充裕的时间把行李放到位于您座位上方的行李架上。如果您太晚到达，就只能把行李放到位于列车入口处的行李架上，那一定要把它们看好，防止被盗。

您要确认清楚自己的车厢和座位正确无误，当然也得是正确的日期！冒失鬼也是有的……

如果吸烟的您坐到了无烟车厢，那就赶紧到专为有烟瘾的人提供的地方去。

不要随地乱扔纸屑，应该扔在窗户下面的小格子里。

除了讨论旅途中的一些小事，或者必要的换乘之外，您最好沉默是金。即使说话，也要谨慎，对自己和别人的事都不能乱说，这不是一个可以说知心话的地方。最好的办法是看报纸、杂志或一本好书，欣赏风景或睡觉，但是睡觉时要避免打呼噜或者把头靠到旁边人的肩膀上。一旦您发觉，一定要道歉并换一个姿势再睡。

不用给法国国营铁路公司的员工小费，小费只能给行李员。

法国国营铁路公司的广告语，就像指示牌上写道的一样：温馨提示——请礼貌对待检票员——即使您的车票还在有效期。

用餐：在座位上

如果您在座位上吃饭，请尽量注意卫生和影响。不要把抹布、刺激难闻的三明治（比如肉丁酱）、酒瓶等乱堆乱放，把您的座位周边搞得像户外野餐过后一样狼藉。最好拿上干面包、巧克力块、能量棒或矿泉水，这样您可以悄悄地吃，不影响周围的人。快线上有专门的酒吧车厢供您使用。

用餐：在餐车

在指定餐桌就座，万一坐下时影响到别人还要说对不起。

您可以就一些大众的话题随便谈两句，这样可以显得不那么无礼高傲，也不会因为保持沉默而被孤立。无论怎样，应该谨慎、稳重，永远保持和蔼可亲的形象。

女士在一切事务上享有优先权。她如果提出要求，男士应该立刻给她递过去盐或调料。

不要给别人送咖啡、酒或烟，这被看成是没有教养的随便行为。在任何情况下，既不能太吵也不能让人讨厌。

在飞机上

铁路上的规则在飞机上也同样适用。如果是长途旅行（巴黎—塔希提岛要飞 21 个小时！），就可以和邻座的旅客说说话。在飞机上比在火车上似乎更容易开启聊天。但要是邻座在看电影，或您看出来他（她）想睡觉或看书时，就应立刻停止交谈，不进行打扰。如果您的邻座晕机呕吐的话，尽可能地提供帮助，尽量不要表现出这可能给您带来的不适。

不要给空姐、男服务员、航空公司员工小费，只能给行李员。

在船上

船上的旅行非常舒适，相对也比较休闲。但仍要遵守礼仪规则，分清主次优先，尤其是在餐厅里。

人们也要理解有些乘客渴望独处和安静的心情，他们不太喜欢船上的各种游戏和娱乐项目，而更愿意躺下休息。

选择了船这种（公共）交通工具后，每个人都应该积极参加各种活动，建立新的关系，证明自己是一个好打交道的人，别人才会愿意与自己相处，一起吃饭，一起旅游。

共同的包间

如果您不得不和一个陌生人共享一个包间：

——注意不要侵占所有公共空间，只能使用您分内的部分；

——不需要灯光时可以熄灯；

——尽量保持干净；

——关心一下他人，但不要过多干涉其私生活；

——如果同屋的人反对的话，吸烟者一定要主动克制自己不去吸烟。

11. Des situations quotidiennes

Ascenseur

Il est tout à fait admis de dire bonjour en prenant l'ascenseur dans un lieu qui ne vous est pas familier. On agira de même dans un lieu connu.

On ne fume pas dans un ascenseur. Des cendriers extérieurs sont disposés pour recevoir les "mégots"[①] des fumeurs.

On laisse passer devant soi une femme et toute personne à qui des égards sont dus : femme enceinte, personnes âgées, invalides, etc.

En présence d'une femme, un homme se découvre toujours.

Dans les ascenseurs anciens à ouverture de porte manuelle, un homme sort le premier et tient la porte ouverte pour laisser le passage à une femme.

Dans les ascenseurs anciens à ouverture de porte automatique, une femme sort en premier, l'homme maintient la porte ouverte en appuyant sur le bouton de blocage des portes.

Automobiliste

L'automobiliste doit respecter la signalisation routière et les piétons.

L'automobiliste fumeur ne doit jamais vider son cendrier sur la chaussée.

On ne doit pas occuper les places de parking réservées aux handicapés, même pour un court instant.

Bâillements

On place une main devant sa bouche et l'on bâille discrètement. Le bâillement peut être un signe d'ennui ou de mauvaise digestion.

Bonbons

Pour les adultes gourmands, la maîtresse de maison peut disposer sur la table ou sur un guéridon, un pot rempli de tout un assortiment de

---

① mégot : *n.m.*〈口〉烟头，烟蒂。

bonbons qui feront le régal de certains, et des autres !

Casquette et chapeau

Un homme se découvre toujours pour saluer un autre homme et surtout devant une dame, et c'est à elle de dire au monsieur de se recouvrir.

Chien

Un chien doit être tenu en laisse. Le maître doit veiller à ce que le chien et sa laisse n'occupent tout le trottoir.

Par mesure d'①hygiène, et en respect des règlements, un maître ne laisse pas son chien entrer dans un magasin d'alimentation ou tout autre commerce.

Commerçants

En entrant dans un magasin, on doit dire "bonjour" ; terminer sa commande par un "s'il vous plaît" ; dire "merci" lorsqu'on est servi ; "au revoir" ou "bonsoir", selon l'heure, en sortant d'un magasin.

On agira de même avec une caissière ou un caissier dans une grande surface (un peu d'amabilité fait toujours plaisir).

Si en arrivant à une caisse avec un ou deux articles, la personne qui est devant vous vous laisse passer, sachez la remercier (elle vous a fait gagner du temps) et en partant n'oubliez pas de lui dire quelques mots aimables, comme "Je vous souhaite une bonne journée."

Afin d'éviter tout malentendu et contestations, on paie en dépliant totalement ses billets de banque. On peut annoncer la valeur du billet : voici un billet de 100 F. Ainsi on sera sûr de soi et du billet donné à la caisse.

Compliments

Un mot aimable, un compliment est toujours apprécié. Sachez complimenter fort à propos, sans insistance : une maîtresse de maison pour l'excellence de sa cuisine, un maître de maison pour la qualité de

---

① par mesure de : 出于……的考虑。

ses vins et de ses alcools.

Courrier
On n'ouvre jamais le courrier destiné à autrui. Si on le fait par inadvertance, on s'excusera aussitôt.

Escaliers
Escaliers en bois ou en pierre, anciens ou modernes, la courtoisie masculine est la même :
- la femme monte la première, l'homme suit toujours.
- l'homme descend toujours le premier.

Dans les deux cas, si la dame glisse ou perd son équilibre, il sera à même de① la retenir.

Montant ou descendant, l'homme cède toujours le passage à une femme.

On monte ou l'on descend par la droite.

Si une personne qui monte plus lentement que vous vous cède le passage, vous devez la saluer et la remercier. En aucun cas on ne force une personne à monter aussi vite que soi.

Eternuement
On place une main devant sa bouche, en tenant ou non un mouchoir, et on essaie d'atténuer autant que possible son éternuement.

Excuses
L'expression "Je m'excuse" est une grave faute de langage. Il est nettement préférable de dire "Je vous prie de bien vouloir m'excuser" ou "Veuillez m'excuser." On doit présenter ses excuses lorsqu'on a bousculé une personne ou lorsqu'on arrive en retard à un RDV. S'excuser, comme dire merci, s'apprend dès l'enfance.

Gants
En toutes circonstances, un homme enlève ses gants pour saluer.

---

① être à même de : + inf. 能够做，有能力做某事。

Une femme retire ses gants pour saluer les maîtres de maison lors d'un dîner, mais ne le fait pas pour saluer dans la rue.

Lecture en public

Durant les trajets qu'imposent les transports en commun[①], il est très agréable de lire. Toutefois il est fort impoli de lire par-dessus l'épaule du voisin. On résistera à la tentation et on patientera.

Livres, disques, CD, etc.

Si une demande de prêt d'un livre, disque, CD vous est refusé, n'insistez pas pour connaître le motif du refus. Cela ne servirait à rien.

N'attendez pas la dernière minute pour rendre un prêt. Respectez le délai convenu pour rendre un prêt.

Livre, disque, CD doivent être rendus dans leur état d'origine, c'est-à-dire ni salis, ni abîmés.

Par prudence, et pour éviter toutes contestations éventuelles, prêteur et emprunteur noteront le prêt sur un carnet, un agenda...

Maman et sa poussette ou son landau

Dans les transports en commun, chacun se doit d'aider une maman à monter ou descendre sa poussette ou son landau dans un bus, un train, etc., et à agir de même pour l'aider à monter ou descendre des escaliers.

Marcher près d'une femme

L'homme marche toujours côté rue, la femme côté habitation.

Maquillage

Une femme évitera de se maquiller ou de se coiffer en public, que ce soit dans la rue ou[②] dans les transports en commun. Il n'est pas admis que l'on termine sa toilette en public.

---

① 此句的 que 为关系代词，后用倒装结构，从句应为：Les transports en commun imposent les trajets。

② que ce soit ... ou ... : 不管是……还是……。

Merci

Dire merci ne coûte rien et s'apprend dès l'enfance. On dit merci à toutes personnes et en toutes circonstances.

Il n'est pas admis de répondre : "Y a pas de quoi ! " Cette expression peut paraître méprisante à la personne qui, ravie du service rendu, vous remercie chaleureusement.

Minute de silence

A la demande des maîtres de maison, une minute de silence peut être demandée et observée pour quelque raison que ce soit. Observez avec respect cette minute de silence.

Ongles

Il est tout à fait déplaisant de voyager en bus, train ou métro à côté d'une personne qui se coupe les ongles. Cela dénote un manque profond d'éducation.

Ouvrir la porte d'un restaurant, d'un immeuble...

Pour entrer ou pour sortir, deux écoles se côtoient :
- l'homme ouvre la porte et maintient celle-ci ouverte en tendant son bras (mais il gêne quelque peu le passage de la dame) ;
- l'homme ouvre la porte, entre (ou sort) le premier et maintient celle-ci grande ouverte (il ne gêne nullement le passage de sa compagne) .

Ouvrir une porte de voiture

Veillant à ce qu'aucun véhicule ne puisse gêner la sortie de la dame, l'homme ouvre et maintient la portière du véhicule ouverte et veille à ce que la dame ne soit nullement gênée dans sa sortie ou oublieuse d'un objet personnel, et referme la porte. Il agira de même lorsque la dame voudra prendre place dans le véhicule.

Parapluie

Accessoire indispensable les jours de pluie, le parapluie se tient à la main en guise de canne et sans en jouer au risque de blesser une personne.

Un parapluie ouvert se tient droit au-dessus de votre tête.

En cas de croisement avec une personne portant un parapluie, on élève le sien[1] ou on l'incline sur le côté.

Papiers, paquets de cigarettes, emballages divers
Des poubelles sont disposées le long des trottoirs, elles ne sont pas là par hasard. Passant devant l'une d'elles, délestez vous de vos papiers, paquets de cigarettes, emballages divers. Ils ne sont pas à jeter à terre.

Personnes âgées et non-voyants
Aider une personne âgée (femme ou homme) ou un non-voyant qui aurait des difficultés de locomotion à traverser une rue est une marque de civilité. Dans les deux cas, on prendra soin de demander auquel de vos bras la personne souhaite s'appuyer.

Pieds
Bus, RER, train : on ne met jamais ses pieds sur la banquette. Si c'est le cas, on se doit d'essuyer toutes traces laissées par ses chaussures.

Si l'on souhaite allonger ses jambes, on dépliera un journal pour reposer ses pieds, évitant ainsi de salir la banquette.

Piéton
Le piédton marche sur le côté droit du trottoir.

Un groupe de piétons, même sympathique, évitera d'occuper à lui seul tout le trottoir, mais laissera le passage à tout autre piéton.

Le piéton fumeur doit écraser sa cigarette et la jeter soit dans des cendriers urbains, soit dans le caniveau. En aucun cas, il ne jette sa cigarette encore allumée au hasard de sa fantaisie.

Pour sa sécurité et celle des autres, le piéton traverse aux passages réservés et lorsque la signalisation l'y autorise.

---

[1] le sien : *pron. poss.* 他的，她的。

Prière
Ses invités tous à table, la maîtresse de maison peut dire une prière pour remercier Dieu de son repas. Quelles que soient vos convictions religieuses, vous vous devez soit de participer à cette prière, soit en restant silencieux de respecter les autres invités.

Rire
En public, on rit discrètement : ni trop haut, ni trop longtemps.

S'asseoir
On ne s'assied jamais sans y avoir été invité et on remercie lorsque la permission a été accordée. Une personne âgée, homme ou femme, peut demander à s'asseoir avant même d'y avoir été invité.

Se moucher
On se mouche le plus discrètement possible. On n'étale pas son mouchoir, on ne cherche pas de quel côté se moucher, et on ne regarde pas son mouchoir avant de le replier et de le remettre dans sa poche. On évite autant que possible de se moucher bruyamment. La discrétion s'impose.

A table
Adultes ou jeunes, on ne mange pas les coudes ou les bras appuyés sur la table en se penchant vers sa fourchette, mais le coude levé et en portant la fourchette, ou la cuillère, à sa bouche.

Tousser
Autant que possible, on ne tousse pas bruyamment. On tousse en plaçant une main devant sa bouche.

Transports en commun
Le privilège du sexe veut qu'une femme choisisse sa place, qui sera généralement dans le sens de la marche.

Trottoir

En cas de gêne, lorsque deux personnes se croisent sur un trottoir encombré, celle des deux à qui est offert le passage[1] se doit de remercier ou de sourire en guise de remerciement.

---

[1] celle des deux à qui est offert le passage : 被让路的一方。

11. 日常情景

电梯

在一个您不熟悉的地方搭乘电梯也完全可以和别人打招呼。在熟悉的情况下更应如此。

在电梯里不能抽烟。电梯外面专门设有扔烟头的烟灰缸。

应该让女士和其他需要得到关照的人走在前面,比如孕妇、老年人、残疾人等等。

在女士面前,男士要脱帽。

在老式的手动门电梯里,男士要先出去,手动让门一直开着以便让女士出来。

在老式的自动门电梯里,男士在里面按住按钮,使门保持敞开,让女士先出来。

驾驶员

机动车驾驶员应该遵守交通指示牌并注意礼让行人。

吸烟的驾驶员不能把烟灰倒在马路上。

在公共停车场不能占用残疾人专用车位,即使一小会儿也不行。

打哈欠

打哈欠的时候要用一只手挡住嘴,尽量隐蔽地打。哈欠可能是一种无聊的表示,或者是由消化不良引起的。

糖果

对于贪吃的成年人,女主人可以在桌子上或独脚小圆桌上放一罐糖果什锦,这样的美食真是一种享受!

鸭舌帽和礼帽

男士与另一男士打招呼时要脱帽,尤其有女士在场的情况下更应如此，然后由女士向男士示意他可以把帽子重新戴上。

狗

遛狗时应该一直拴着狗绳。主人要时刻注意别让狗和狗绳占据整个人行道。

出于卫生的考虑，也为了遵守各种规章制度，主人不能让狗进入食品店或其他商店。

商店

进入商店时要问候"您好"；要什么东西时，一定要说"请"；别人为您提供了服务，您要说声"谢谢"；走出商店时要根据时间说声"再见"或"祝您晚间愉快"。

在大型超市中，对收银员也是一样要有礼貌。（友好一点总会让人很高兴。）

如果您只拿了一两件商品来到收款台结账，您前面的人让您先付款，您一定要记着向对方致谢（他让您省了不少时间），走时也别忘了再向他说几句祝福的话，比如"希望您一天愉快"。

为了避免各种误会和争吵，人们把钞票展开递过去。还可以报出钞票的数目：给您100法郎。这样，人们自己比较放心，也能确定支付的钱数。

赞美

一句贴心的话，一声赞美，总能受到欢迎。要学会恰当地恭维别人，但不要没完没了；可以赞美女主人的精湛厨艺和男主人的美酒。

信件

人们绝对不能私拆别人的信件。如果不小心做了一定要立刻道歉。

楼梯

不管走木楼梯还是石楼梯,老式的还是新式的,男士都应该保持绅士风度:

——女士先上楼梯,男士跟在后面。

——下楼梯时,男士先行。

在这两种情况下,如果女士滑倒或者失去平衡,男士应该扶起她。

不管上下楼梯,男士都要给女士让道。

上下楼梯都靠右走。

如果您前面一位走得较慢的人给您让道,您应该向他打招呼并致谢。在任何情况下都不能强迫别人走得和自己一样快。

喷嚏

不管拿不拿手帕,打喷嚏时都应该用手挡在嘴前,而且尽量控制打轻一点。

道歉

"我请求原谅"这句话是一个严重的语言错误。很明显人们更应该说"我请您能够原谅我"或"希望您原谅我"。当人们挤到别人时,或者约会迟到时,都应该道歉。道歉,像说谢谢一样,应该从小学起。

手套

无论在何种情况下,男士握手时都应该摘下手套。

女士在别人家吃晚餐时,应该取下手套与主人们握手,但要是在马路上碰到打招呼时则不用摘手套。

在公共场所读书

在乘车期间,读书是非常惬意的事情。但是,头伸到邻座人的肩膀上看别人的书是非常不礼貌的。人们要克制这种欲望,耐心乘车。

书、唱片、CD 等

如果别人拒绝把书、唱片或 CD 借给您,不要坚持去问原因,知道原因也于事无补。

借东西不要等到最后一刻才去归还。一定要在最后期限到来之前还回去。

在还书、唱片、CD 的时候要保持其原样,既不要弄脏,也不要损坏。

谨慎起见,也是为了避免可能发生的一切误会或争吵,借方和被借方可以把出借信息记录在本子上、记事本上。

母亲和她的小推车或有篷童车

在公共交通工具上,每个人都应该帮助一位母亲把她的小推车或童车搬上或搬下公交车、火车等,在上下楼梯时也一样。

走在女士身旁

男士总是走在马路外侧,女士走在里侧。

化妆

女士要避免在公共场合化妆或梳头,不管是在马路上还是公共交通工具上。总之,梳洗工作不能在公共场合完成。

致谢

说声谢谢不算什么,应该从小学起。人们在任何情况下都有可能对任何人说谢谢。

当某人对受到的服务满意,并且热情地表示感谢时,不能说"没事儿!",这个短语有点蔑视对方的意思。

安静的时刻

出于各种原因,主人可能会要求客人们安静一分钟。那么就严肃地保持安静吧。

指甲

在公交、火车或地铁上旅行时,旁边有人在剪指甲是一件非常令人不快的事。这种行为显示了极度的缺乏教养。

打开餐厅、大楼、……的门

对于如何出入大门,有两种说法可行:
——男士把门打开并且伸直胳膊撑着门,保持门的开启状态(但是这样可能会让女士进出不太方便);
——男士把门打开,第一个进来(出去),并把门完全打开(这样他就不会挡女伴的路了)。

打开车门

在确定没有其他车辆会影响女士下车的情况下,男士打开车门并让它保持开启状态,等女士带好随身物品顺利下车后再关上车门。女士上车时男士也是同样的做法。

雨伞

雨伞是雨天不可缺少的工具,并且还可以拿在手里当拐杖用,但是不能拿它玩,以免伤到别人。
雨伞打开后要垂直打在头顶。
如果和另一个打伞的人相遇,可以把自己的伞举高或向旁边歪一歪。

纸、烟盒、各种包装

马路两旁的垃圾桶可不是当摆设的。路过某个垃圾桶时,可以把您身上的废纸、用完的烟盒和各种包装扔进去,不能把它们扔到地上。

老年人和盲人

帮助一位老年人(无论男女)或盲人过马路,是礼貌的体现。在这两种情况下,人们要细心地询问对方愿意扶着您的左胳膊还是右胳膊。

脚

在公共汽车、快线、火车上，人们绝不能把脚放到座位上。如果已经这样做了，那一定要把鞋子留下来的痕迹全部擦掉。

如果人们想把腿伸直，应该在座位上铺一张报纸垫在脚下面，避免把椅子弄脏。

行人

行人靠马路的右侧走。

一群人在一起走，虽然感觉挺好，但一定不要占据整个人行道，要给其他行人留出通道。

抽烟的行人一定要把香烟碾灭扔到垃圾桶里，或阴沟里。总之，不能把还燃烧着的香烟随便乱扔。

为了自己和他人的安全，行人过马路时一定要等绿灯亮时再通过人行横道。

祈祷

客人全部就座，女主人开始祷告感谢上帝。不管您的宗教信仰是什么，您要么和大家一起祈祷，要么保持沉默以尊重其他客人。

笑

在公共场合下，笑要含蓄：既不要太大声，也不要太久。

就座

没有被邀请的话，人们是不会就座的，当别人同意您就座时还要道谢。但老人，无论男女，都可以在被邀请之前主动要求就座。

擤鼻涕

擤鼻涕时尽量不要引起别人注意。不要把手帕展开，也不要东张西望看冲哪边擤鼻涕合适，更不要在叠手帕之前展开再看一眼，擤完直接叠起来放进口袋即可。尽量避免擤鼻涕时发出声音。隐秘性在此时最重要。

就餐
不管是成年人还是年轻人，都不能把胳膊肘或手臂放在桌子上，伸头过去吃叉子上的东西，而应该拿着叉子或勺子，抬起胳膊肘，把食物送到嘴里吃。

咳嗽
咳嗽时尽量不要发出太大声音，同时要用手挡住嘴。

公共交通
由于性别的优先权，女士可以首先选择朝向和行进方向一致的座位。

人行道
遇到尴尬的情况，比如两人在一条拥挤的人行道相遇，被让路的一方要向对方致谢，或者笑一下表示感谢。

12. Le tabac

Loin de nous, en précisant ci-après quelques règles de bonne conduite spéciales aux fumeurs, de vouloir raviver d'inutiles querelles entre partisans ou adversaires du tabac.
Rappelons que le tabac est une plante originaire de l'île de Tabago ou Tobago dont les feuilles se fument, se prisent ou se mâchent. Le tabac tire son parfum et ses qualités d'un alcaloïde dangereux : la nicotine (Larousse 1923) . Nous voici tous avertis ! Le promoteur du tabac en France est Jean Nicot (Nîmes 1530 — Paris 1600), diplomate français, ambassadeur à Lisbonne. Il mourut curé de Brie-Comte-Robert (Seine-et-Marne)

Présentation
Que l'on soit présente ou que l'on se présente soi-même, on ne garde jamais ni cigarette, ni cigare, ni pipe, à la bouche ou à la main lors des présentations. On pensera, très à propos, à utiliser les cendriers, ou mieux à ne pas fumer du tout pour ne pas gêner les autres personnes, ou gâcher son haleine !

Restaurant
Si le restaurant offre une salle réservée aux fumeurs, on pourra fumer comme on le désire, mais on aura la courtoisie de ne pas fumer en traversant la salle réservée aux non-fumeurs. Le fumeur attendra d'être en salle fumeurs ou à l'extérieur pour allumer sa cigarette, son cigare ou sa pipe.
Si le restaurant possède une salle commune aux fumeurs et aux non fumeurs, il est recommandé de faire preuve de patience et de s'abstenir de fumer. Les amateurs de cigares ou de pipes s'abstiendront totalement de fumer au restaurant.
Pour de nombreuses personnes, fumée et odeurs de tabac sont difficilement supportables ; en particuliers pour les asthmatiques.

> **Règle d'or**
> Pour sauvegarder sa santé (loi n°91-32 figurant sur les paquets de tabac) et des autres, le fumeur s'abstiendra autant que possible de fumer et s'il désire, en demamdera l'autorisation ou fumera dans l'espace prévu à cet effet.

Le fumeur demandera toujours la permission de fumer. Si elle lui est refusée, il devra se montrer beau joueur[①] : sans nuire à autrui, d'autres occasions de fumer se présenteront à lui.

Dans le train

Si dans le métro parisien il est interdit de fumer, cette interdiction n'existe pas dans le train. La SNCF alterne voiture fumeurs et voiture non-fumeurs. Là aussi le fumeur fera preuve de courtoisie et s'abstiendra de fumer en traversant le compartiment réservé aux non-fumeurs. Le fumeur attendra d'être en salle fumeurs ou dans l'espace fumeurs pour allumer sa cigarette, son cigare ou sa pipe.

Le non-fumeur fera poliment observer l'interdiction de fumer et le fumeur présentera ses excuses avant de rejoindre l'espace fumeur.

En avion ou en croisière

Les règles de courtoisie sont les mêmes que celles appliquées pour le train !

---

① beau joueur : *n.m.* 输赢坦荡的赌博者；〈转〉能服理的人。

12. 烟草

下面，我们详细介绍几个专门针对吸烟者的良好道德规范，但我们的目的可不是加剧吸烟支持者和反对者之间的无用的斗争。

大家还记得烟草是一种原产于多巴哥岛的植物，其叶子可以当烟抽，可以吸食，也可以咀嚼。香烟的香味和特性都来自于一种危险的生物碱：尼古丁（《拉鲁斯词典》，1923）。它的危害众所周知。在法国，烟草的倡导者是让·尼科（尼姆1530—巴黎1600），他曾做过法国的外交官、驻里斯本的大使。他死于布里-贡特-罗贝尔（塞纳-马恩省），生前任当地的神甫。

介绍

不管是被介绍还是自我介绍时，绝不能在嘴里叼着或手里拿着香烟、雪茄或烟斗。记着及时使用烟灰缸，或者根本就不要抽烟，以免影响他人或加重自己的口气！

餐厅

如果餐厅有吸烟区，人们可以在里面随意吸烟，但是出于礼貌，在路过无烟区时请不要吸烟。吸烟者应该等到了吸烟区里面或是门口的时候再点燃香烟、雪茄或烟斗。

如果餐厅不分吸烟区和无烟区，那么建议您要克制，尽量别抽。至于雪茄和烟斗，在餐厅中应该完全禁止。

对很多人来说，烟草的烟和气味是非常难以忍受的，尤其是对于哮喘病人。

> **黄金法则**
> （根据香烟盒上标明的第 91-32 法规）为了保护自己和他人的身体健康，吸烟者请尽量避免吸烟。如果非常想吸的话，要征得同意或到专门的地方去吸。

吸烟者一定要得到允许才能吸。如果被拒绝的话，也要保持大度：既不影响他人又可以抽烟的机会总会出现。

在火车上

虽然在巴黎的地铁上是禁止吸烟的，但是在火车上却没有这个限制。在法国国营铁路公司的火车上，有烟车厢和无烟车厢交替排列。出于礼貌，吸烟者应该尽量控制自己，在穿过无烟车厢时不要吸烟。只有到达有烟车厢或专门的吸烟区时才能点燃香烟、雪茄或烟斗。

不吸烟的人可以礼貌地提醒吸烟者注意禁烟标识，而吸烟者则应先致歉，然后才能去吸烟区吸烟。

在飞机上或豪华邮轮上

礼仪和在火车上一样。

13. Le téléphone fixe

Cette invention de l'Américain Graham Bell① nous est familière. Les chères "demoiselles du téléphone" ont disparu depuis longtemps et aujourd'hui, tout est automatique. Chaque foyer a son téléphone et savoir téléphoner est un art, car il vous introduit, directement et sans préalable, à domicile de quelqu'un et votre arrivée demande des précautions pour ne pas ressembler à un coup de force②.

A quelle heure doit-on téléphoner ?
Les appelants doivent respecter les horaires de la vie privée : on ne téléphone que de 9 heures jusqu'à 21 heures-22 heures. Au-delà on ne téléphonera qu'en cas force majeur③.

On peut ne pas respecter cette plage horaire si un correspondant vous a spécifié qu'il travaille tôt et se couche tard et que vous pouvez le joindre en dehors de ces horaires.

Il convient d'être prudent pour appeler les personnes âgées, en évitant de leur téléphoner à des heures trop matinales ou trop tardives on au moment de la sieste.

Si possible on respectera également l'heure des repas et des informations télévisées.

L'appelant doit éviter de laisser sonner le téléphone pendant plusieurs minutes, parfois dix sonneries suffisent pour se persuader que personne ne répondra.

Se présenter
L'appelant doit saluer et se présenter dès que l'appelé a décroché. "Bonjour, je suis Georges-André Lepeltier, puis-je parler à

---

① Graham Bell：格雷厄姆・贝尔（1847—1922），世界上第一台电话的专利权获得者。
② un coup de force：使用实力，强硬措施。
③ en cas de force majeur：*n.m.* 不可抗力的情况。

monsieur Ride, s'il vous plaît ? "
Dire : "je suis monsieur…" tend à disparaître. Une dame dira : "Je suis madame…" Les jeunes hommes et les demoiselles ne déclinent que leur prénom et nom.

Il n'est pas admis de commencer une conversation par un brutal et peu élégant : "Qui est à l'appareil ? "

La conversation

Dès que le répondant est identifié, la conversation s'engage. Mais avant d'indiquer le motif de son appel, on pendra soin de demander si on ne dérange pas. En cas de dérangement, on demandera à quelle heure on souhaite être appelé. Dans les conversations téléphoniques, il vaut mieux être précis et ne pas s'éterniser.

> **Règle d'or**
> Demandez à votre correspondant l'autorisation de mettre le haut-par-leur afin que d'autres personnes participent à la conversation si cela est nécessaire. Il est de mauvais goûta de le faire à son insub.

Le répondeur téléphonique

Votre annonce doit être brève et concise, un peu de fantaisie est toutefois admise. Les annonces qui traînent en longueur avant que l'appelant puisse parler sont très peu appréciées.

Le message laissé par l'appelant doit être lui aussi court et précis et on se doit de bien indiquer son numéro de téléphone et son nom. Les discours sont inutiles sur un répondeur.

L'appelé doit sans retard téléphoner à la personne qui lui a laissé un message.

Si vous ne possédez pas de répondeur téléphonique, sachez que France Télécom[3] met gratuitement à la disposition de sa clientèle, le numéro 31 31. Celui-ci indique seulement la date et l'heure et le

---

① être de mauvais goût : *loc. adj.* 做……是不得体的。
② à l'insu de : *loc.prép.* 不为……所知，不让……知道。
③ France Télécom : 法国电信公司。

numéro de téléphone de votre dernier appelant, mais c'est déjà bien pratique.

Soirée
  Dans une soirée ou lors d'une visite impromptue, si le téléphone sonne, on doit avant de répondre, annoncer à son assistance : "Permettez-moi de répondre" ou "Veuillez m'excuser".

13. 固定电话

我们对美国人格雷厄姆·贝尔的这项发明都很熟悉了。那些亲爱的"接线员小姐"已经消失很久了，今天，一切都是自动化。家家都有电话，学会如何打电话是一门艺术，因为在对方毫无准备的情况下，电话把您直接引到了某人家里。因此您的电话介入需要注意一些礼仪问题，免得好像是擅自闯入别人家。

人们应该在什么时候打电话？

打电话时一定要注意他人的作息时间：人们只能在 9 点至 21 或 22 点之间打电话，除非出现不可抗力。

但如果对方告诉您他上班早、睡得晚，或交待过您可以在这段时间之外联系他的话，那么您可以不遵守这个规则。

给老年人打电话一定要谨慎，不要太早或太晚，或午睡时给他们打电话。

如果可以的话，人们还应尽量错过吃饭以及电视新闻的时间。

打电话的人不要让电话响好几分钟，一般响铃十声就足以说明不会有人来接了。

自我介绍

对方一接起电话，打电话的人就应该主动问好并做自我介绍："您好，我是乔治-安德烈·勒佩尔捷，请问里德先生在吗？"

"我是……先生"的说法正趋于消失。女士可以说："我是……夫人"，年轻男孩和女孩只说他们的姓名。

不能生硬地问"你是谁啊？"，这不太礼貌。

交谈

接电话人的身份一确定，就可以开始谈话了。但是在表明目的之前，要先问清楚自己有没有打扰到对方。如果打扰了，就问清楚几点再打合适。在电话里交谈最好简练、准确，不要拖延时间。

> **黄金法则**
> 如果谈话需要其他人也参与进来的话，事先要征得对方的同意再使用免提功能。在对方不知情时这样做非常不礼貌。

语音留言

您的录音要简明扼要，当然偶尔花哨一点也是允许的。但是很少有人会喜欢在留言之前先听半天您的录音。

打电话人的留言也应该精练，并且要留下自己的电话号码和姓名。在电话录音里不需要说太多。

收到对方留言后应该立刻给对方回电话。

如果您没有语音留言系统，法国电信可以免费为您安装，只需打 31 31 电话即可。虽然它只能记录您最后一个呼入电话的时间、日期、电话号码，但也已经非常方便了。

晚会

在晚会上或是临时活动中，如果电话响了，在接之前要向在场的人说"请允许我接个电话"或"请原谅"。

14. Le téléphone portable

Le téléphone portable a envahi notre quotidien : il est présent partout, dans la rue, au restaurant, dans la voiture, dans les randonnées pédestres, aux sports d'hiver, dans les transports en commun, etc.
Pour d'évidentes raisons de sécurité, le téléphone portable ne doit jamais être utilisé en conduisant. La presse relate trop souvent des accidents, parfois mortels, survenus à cause d'un conducteur distrait par sa conversation téléphonique.

En novembre 1999, le quotidien *Le Parisien* s'est fait l'écho d'une enquête mitiée par la société Motorola démontrant que le portable était devenu un véritable partenaire dans de nombreux domaines. Il est utilisé par les femmes à 80% pour garder le contact avec leur (petite) famille. Pour un avenir proche sont annoncés les portables avec caméra intégrée (on pourra enfin téléphoner à ses collègues pris dans les froids de février en leur montrant la plage de Bora Bora, par 35 degrés à l'ombre !).

Voici les règles de savoir-vivre, cautionnées par l'AFUTT (Association française des utilisateurs de téléphone et des télécommunications), concernant l'usage du portable dans les transports en commun :
- utilisez la fonction vibreur (très discret) lorsque le téléphone le permet ou réglez la sonnerie en fonction des lieux où vous vous trouvez : certaines sonneries sont énervantes et elles le sont toutes lorsqu'elles sont plusieurs à retentir en même temps !
- pensez à moduler le volume sonore de votre voix : n'infligez pas à votre entourage de participer à une conversation qui ne le concerne pas !
- gardez à l'esprit que vous êtes dans les transports en commun, et restez attentif à ce qui se passe autour de vous ;
- rappelez-vous toujours qu'il s'agit d'un moyen de communication, non d'une obligation supplémentaire ;

- évitez donc de téléphoner à tort et à travers[1]. On connaît des conversations qui ne sont en fait que des émissions d'onomatopées ! Votre sonnerie peut être éteinte, surtout lorsque vous ne voulez plus être dérangé (chez vous, vous aurez tout le loisir de consulter votre messagerie), vous ferez peut-être d'une pierre deux coups[2] en n'importunant pas votre voisinage.

Ces mêmes recommandations peuvent être appliquées dans les restaurants. Pour les autres règles du bon usage du téléphone, on observera celles appliquées au téléphone fixe.

RDV privé ou commercial

On déconnecte son portable dans un RDV privé ou commercial. En cas d'oubli, on doit s'excuser et éteindre immédiatement son portable, sans avoir répondu.

Hôpitaux, avions

Des restrictions parfois sévères restreignent l'usage du téléphone portable dans les hôpitaux, les avions, les cliniques, etc. Vous vous devez de respecter les règlements en vigueur. Pour les avions, à la demande des voyageurs et grâce à la concurrence très vive entre compagnies, des équipements spéciaux vont bientôt être mis en place pour permettre l'utilisation des portables.

Scène vécue

Dans un restaurant, lasse d'attendre un plat que le serveur tardait à apporter, une jeune cliente prit son portable et téléphona au restaurant dans lequel elle se trouvait. Alors, lorsque le serveur décrocha, ce fut l'hilarité générale et la jeune cliente fut rapidement servie (elle était une habituée des lieux) !

---

[1] à tort et à travers : *loc.adv.* 胡乱地，轻率地。
[2] faire une pierre deux coups : 一箭双雕，一举两得。

Attention
On peut donc user de son téléphone portable, mais la discrétion s'impose d'elle-même.

14. 手机

　　手机已经渗透到我们日常生活的方方面面：马路上、餐厅里、汽车上、远足中、冬季体育运动中、公共交通工具上等，到处都有它的身影。

　　为了安全考虑，驾驶的时候绝对不能使用手机。新闻中经常报道因打电话分心而引起的车祸，而且时常导致伤亡。

　　1999 年，《巴黎人报》报道称，摩托罗拉公司发起的一项调查显示，手机在许多方面已经成为人们真正的伙伴，这个调查引起了强烈反响。80% 的妇女使用手机是为了和她们的（小）家庭保持联系。在不远的未来，手机里面可以内置摄像头（人们终于可以给还在经受二月寒冷的同事们打电话，给他们看自己在 35 度的树荫下尽情享受波拉波拉岛海滩风光的照片！）。

　　以下是关于公共交通方面的使用手机的基本礼仪，这些准则也受到 AFUTT（法国手机及电信用户联合会）的认可：

　　——如果手机有振动功能，将它调成振动（非常隐秘），或者根据您所处的环境调整铃声。有些铃声是非常难听烦人的，尤其是好几部手机同时响铃就更折磨人的耳朵了！

　　——注意自己讲话的音量。别折磨您周围的人，别让他们参与一个与他们无关的对话！

　　——记得您是在公共交通工具当中，留心您周围发生的事；

　　——永远记得手机只是一个交流手段，并不是一个强加给您的负担；

　　——不要胡乱打电话，有些电话内容其实不过是一些唔唔啊啊的废话！

　　您可以关掉手机铃音，尤其是当您不想被打扰的时候（在家时，您完全可以查一下语音信箱），这样也不会影响到周围的人，一举两得。

　　同样的建议也适用于餐厅中。还有其他一些使用电话的好习惯,请参照固定电话的做法。

私人或商务会面

人们在私人或商务会面中要关掉手机。如果忘记此事而导致电话铃响的话,应该先道歉然后立刻关机,不能接听。

医院、飞机

在医院、飞机、诊所等环境中,对手机的使用有更严格的限制。您必须遵守这些现行规则。在飞机上,应广大乘客要求,也由于公司间激烈的竞争,一些特殊的装置很快就会投入使用,以后,在飞机上就可以使用手机了。

真实的一幕

在餐厅,服务员迟迟不上菜,等待良久、忍无可忍的年轻女顾客拿出手机给她所在的餐厅打电话。当服务员接电话后,大家哄堂大笑,而女顾客也很快得到了她要的菜(她是餐厅的常客了)!

> **注意**
> 人们可以使用手机,但一定要注意私密性。

15. Décorations et distinctions

Nous évoquerons ici les seules médailles et décorations officielles à l'exception de① celles décernées par des associations qui n'ont pas, celles-là, de valeur légale. Les porteurs de telles médailles s'exposeraient à des poursuites judiciaires.
Des magasins spécialisés vendent médailles et rubans officiels.

Principales décorations
Dans l'ordre de préséance, c'est-à-dire l'ordre officiel où elles doivent être portées et dans celui où leurs titulaires doivent être reçus, les principales décorations sont :
1 - la Légion d'honneur② ;
2 - l'Ordre de la Libération ;
3 - la Médaille militaire ;
4 - l'Ordre national du Mérite ;
5 - la Croix de guerre 1914-1918;
6 - la Croix de guerre 1939-1945;
7 - la Croix de guerre TOE ;
8 - la Croix de la Valeur militaire ;
9 - la Médaille de la Résistance ;
10 - la Croix du combattant ;
11 - Médaille de la Gendarmerie nationale ;
12 - les Palmes académiques ;
13 - le Mérite agricole ;
14 - le Mérite maritime ;
15 - la Médaille de l'Aéronautique ;
16 - l'ordre des Arts et des Lettres ;
17 - la Médaille commémorative 1914-1918;

---

① à l'exception de : 除了……之外。
② la Légion d'honneur : *n.f.* 荣誉勋章。下文的其他勋章名称请参看译文。

18 - la Médaille commémorative 1939-1945;
19 - la Médaille de la campagne d'Indochine ;
20 - la Médaille d'honneur des actes de courage et de dévouement.

Présentation des cinq premières et plus importantes médailles

1. La Légion d'honneur
Créée en 1802 par Bonaparte①, Premier consul, elle est la première et la plus haute distinction française. La Légion d'honneur comporte cinq classes : chevalier②, officier, commandeur, grand officier, grand-croix. Elle est reconnaissable à son ruban rouge. Le président de la République est le grand maître de l'ordre et il est assisté d'un grand chancelier choisi parmi les grands-croix. La qualité de membre de la Légion d'honneur doit être obligatoirement mentionnée par les officiers d'état civil dans les actes officiels en particulier les actes de mariage et de décès. La nomination et la promotion font l'objet d'un décret③ ou d'un arrêté④ publié au Journal officiel ou au Bulletin officiel des décorations.

2. Ordre de la Libération
Cet ordre, au ruban vert, a été créé en novembre 1944 par le général de Gaulle pour récompenser les services exceptionnels rendus dans l'œuvre de délivrance de la France. Ses mambres portent le titre de Compagnons de la Libération⑤. L'ordre, qui cessa d'être décerné le 24 janvier 1946, comptait 1057 Compagnons, 5 villes et 18 unités combattantes.

3. Médaille militaire
Créée en 1852 par Louis Napoléon, président de la République

---

① Bonaparte : *n. propre* 这里指拿破仑·波拿巴。
② chevalier : *n.m.* 骑士级勋章获得者。在多等级荣誉勋位中，骑士级是最低一级，即五级。下文其他荣誉勋位请参看译文。
③ décret : *n.m.* 法令，政令。
④ arrêté : *n.m.* 政府机关的决议，决定，法令。
⑤ Compagnon de la Libération : *n.m.* ("二战"末的) 解放勋章获得者。

française et futur Napoléon III, cette médaille, au ruban vert et jaune, récompense une belle conduite devant l'ennemi.

4. Ordre national du Mérite

Créé en 1963, ruban bleu et étoile à six branches, il est destiné à récompenser mérites et services éminents dans une fonction publique ou privée et à remplacer différents ordres ministériels du Mérite ainsi que ceux de la France d'Outre-mer. L'ordre est doté d'un conseil de l'ordre, présidé par un grand chancelier qui est en même temps le grand chancelier de la Légion d'honneur. Seuls le Mérite agricole, créé en 1883, et le Mérite maritime, créé en 1930, ont été maintenus.

5. Croix de guerre 1914-1918 et 1939-1945

Ces médailles, au ruban vert et rouge, récompensent des faits d'armes individuels ou collectifs ayant fait l'objet d'une citation pendant l'une des deux guerres. La Croix de guerre 1914-1918 a été créée en 1915, la seconde en 1939.

Certaines décorations de "Mérite" ont cessé d'être attribuées lors de la création de l'Ordre national du Mérite, mais peuvent être portées par le titulaire. Il s'agit principalement du Mérite social, de la Santé publique, commercial, artisanal, touristique, combattant, postal, de l'Economie nationale, sportif, militaire, civil, saharien[1], de l'Etoile noire[2].

L'annonce d'une remise de décoration

L'annonce s'effectue par faire-part. Exemple :

---

[1] saharien : *n.* 这里指 ordre du mérite sarahien 撒哈拉勋章，奖励一些在撒哈拉工作，作出突出贡献的人。

[2] Etoile noire : 这里指 ordre du mérite de l'Etoile noire 黑星勋章。

> M. et Mme Sosthène RIDE
> 12 place St-Nicolas
> 28130 Maintenon
> Tel.
>
> *Seraient heureux de votre présence lors de la remise à Sosthène Ride de la médaille du Mérite national, le 7 mai, à 19 heures.*
>
> R.S.V.P.

Les félicitatons

On est nommé chevalier de la Légion d'honneur ou du Mérite national, promu officier et commandeur et élevé à la dignité de grand officier et de grand-croix.

L'usage est d'adresser au nouvel élu des félicitations rédigées sur une carte de visite ; on peut également écrire une lettre plus personnelle suivant le degré de relation avec le futur décoré[1] :

> Georges-André Lepeltier
> 18 rue de Bellechasse
> 758007 Paris
> Tel.
>
> *Monsieur et Madame Georges-André Lepeltier adressent leurs plus vives félicitations à Monsieur Sosthène Ride pour sa nomination dans l'ordre de la Légion d'honneur et le prient de croire en l'assurance de leurs sentiments les meilleurs.*

La remise d'une décoration

Lorsqu'une décoration est remise à une femme, il est préférable, pour faciliter l'épinglage, que celle-ci porte un tailleur.

La remise d'une décoration peut donner lieu ou non à une

---

[1] décoré : *n.m.* 获得勋章的人，佩戴勋章的人。

cérémonie : elle peut se faire dans la plus stricte intimité, avec la seule présence de celui qui remet et de celui qui reçoit, en famille ou en public.

En privé ou en public, celui qui remet la décoration doit obligatoirement être lui-même membre de l'ordre, à un grade semblable ou plus élevé, que celui qui va être décoré. La remise est faite au nom du président de la République, en ces termes : "Georges-André Lepeltier, au nom du président de la République, et en vertu des pouvoirs qui nous sont conférés, nous vous faisons chevalier de la Légion d'honneur" (ou de l'ordre du Mérite...), puis il épingle la croix sur le côté gauche de la poitrine et donne l'accolade au nouveau décoré.

Lorsqu'une cérémonie réunit parents et amis, celui qui remet la décoration prononce une petite allocution retraçant la carrière et les activités du récipiendaire ; par courtoisie, l'épouse est associée aux mérites de son mari. Puis il prononce la formule d'usage, épingle la croix sur le côté gauche de la poitrine et donne l'accolade au nouveau décoré, lequel répond par quelques mots où il exprime sa fierté et sa joie.

La réception

La cérémonie peut avoir lieu dans un lieu privé ou public, mairie, préfecture, ministère... , et elle s'achève par un vin d'honneur.

Les amis peuvent envoyer des fleurs ou un cadeau à l'occasion de la cérémonie.

Port des décorations

Les femmes préfèrent porter pour les cérémonies officielles l'insigne de dimension réduite sur le côté gauche de la poitrine ou le ruban au revers du tailleur.

Port en tenue de ville

La médaille est remplacée par un ruban correspondant à la décoration obtenue (rouge pour la Légion d'honneur, bleu pour le Mérite national, etc.) à la boutonnière, sur le revers gauche de la veste.

> **Attention**
> Les décorations ne se portent pas sur une tenue de sport ou un vêtement fantaisie.

Port avec l'habit

Les décorations se portent, dans l'ordre de préséance (voir ci-dessus), sur le côté gauche de la poitrine, en format réduit, ou en barrette si elles sont nombreuses.

Port avec une tenue de cérémonie ou l'uniforme militaire

Les décorations se portent aux dimensions réglementaires et dans l'ordre de préséance et non dans l'ordre où elles ont été reçues.

15. 奖章与勋章

我们在这里只谈官方的奖牌和奖章，并不讨论那些由不具备法律效力的协会所颁发的奖牌，后者的持有者将受到法律的制裁。官方的勋章和饰带在专门的商店有售。

主要勋章

按照等级高低，即勋章的官方佩戴顺序，以及持有者被接见的顺序划分的话，主要勋章有：

1 荣誉勋章
2 自由解放勋章
3 军功奖章
4 国家级奖章
5 1914—1918年（"一战"）十字军功章
6 1939—1945年（"二战"）十字军功章
7 国外战场十字军功章
8 战争十字军功章
9 抵抗运动勋章
10 战士十字勋章
11 国家宪兵队奖章
12 一级教育勋章
13 农业成就奖章
14 海洋成就奖章
15 空军奖章
16 文学艺术奖章
17 1914—1918年（"一战"）纪念奖章
18 1939—1945年（"二战"）纪念奖章
19 印度支那战役奖章
20 勇敢及献身行为的荣誉勋章

前五个最重要的勋章简介

1. 荣誉勋章

该勋章于 1802 年由首任执政官波拿巴创设，它是法国第一个最高荣誉。荣誉勋章包含五个等级：五级（骑士勋章）、四级（军官勋章）、三级（指挥官勋章）、二级（将军勋章）、一级（大十字勋章）。红色勋带是其最显著的标志。共和国总统是颁勋会的最高领导，协助他工作的还有一位荣誉勋位管理会总管，该人选必须是大十字勋章的获得者。荣誉勋章成员的身份必须由户籍主管专员在正式文件中记载，包括其结婚证明和死亡证明。任命书或晋升书必须在政府公文或简报上作为正式文件公开发表。

2. 自由解放勋章

这种配有绿色勋带的勋章，是 1944 年 11 月由戴高乐将军为了嘉奖解放法国时做出特殊贡献的人而创设的。其成员享有"解放同盟者"头衔。该勋章已经于 1946 年 1 月 24 日停止颁发，它曾颁给 1057 位个人、5 个城市和 18 个战斗组织。

3. 军功奖章

该奖章于 1852 年由法兰西第二共和国总统路易·拿破仑，也就是后来的拿破仑三世所创设，其绶带为绿色和黄色，用来表彰面对敌人时的英勇行为。

4. 国家级奖章

该奖章创立于 1963 年，绿色绶带上有六角星形图案，用来奖励在社会活动或私人活动中做出突出贡献的人，并且它还可以用来代替各种政府奖章和法国海外省的奖章。奖章由奖章管理会颁发，管理会的领导同时兼任荣誉勋位管理会的总管。目前只保留有创立于 1883 年的农业成就奖章和 1930 年的海洋成就奖章。

5. 1914—1918 年、1939—1945 年十字军功章

这些奖章的绶带是绿色和红色，是为了奖励在两次世界大战中立过军功的个人或集体。1914—1918 年十字军功章创设于 1915 年，后者创设于 1939 年。

国家级奖章设立时，有些荣誉勋章就停止颁发了，但是以前的持有人还可以佩戴。这些停止颁发的勋章主要涉及社会贡献、公共健康、商业、手工业、旅游、竞赛、邮政、国家经济、体育、

军事及民事等方面，以及撒哈拉勋章和黑星勋章。

授勋仪式通知

勋章的授予仪式以通知书的形式发出。比如：

> 索斯泰纳·里德先生及夫人
> 圣·尼古拉广场 12 号
> 28130 曼特农
> 电话：
>
> 荣幸地邀请您出席于 5 月 7 日 19 点举行的索斯泰纳·里德的国家级奖章授予仪式。
>
> 请回复

祝贺

当人们被授予五级骑士勋章或国家级勋章，或晋升到四级荣誉勋位、三级荣誉勋位，或获得二级荣誉勋位及大十字军功章的一级勋位时，都应向他表示祝贺。

人们通常可以在名片上写一些祝贺的话送给勋章新的获得者，也可以根据与未来受勋人关系的远近程度寄上私人信件：

> 乔治－安德烈·勒佩尔捷
> 贝勒沙斯大街 18 号
> 758007 巴黎
> 电话：
>
> 乔治－安德烈·勒佩尔捷先生及夫人对索斯泰纳·里德先生获得荣誉勋章表示热烈祝贺，并请他接受他们最良好的祝愿。

勋章的颁发

当勋章颁发给女士时，为了便于佩戴，女士最好穿西装。

可以举办一个仪式来庆祝勋章的颁发，也可以不举办。授勋仪式可以在只有至亲密友和颁奖人、领奖人出席的情况下举行，在家里或在公众场合都能进行。

不论是秘密还是公开进行，颁发勋章的人自己也必须是某种勋章的获得者，或者获得过类似勋章，或者拥有比要颁发的勋章等级更高的勋章。勋章的颁发要以共和国总统的名义进行，采用以下套词："乔治－安德烈·勒佩尔捷，我们以共和国总统的名义，根据国家赋予我们的权利，授予您骑士勋章（或荣誉勋章……）"，然后把勋章别在受勋者的左胸口上，对其致剑面击肩礼。

当亲朋好友齐聚授勋仪式时，颁勋者要发表简短演讲，叙述受勋人的职业生涯及事迹；出于礼貌，在提到丈夫的功绩时也要感谢妻子。然后颁勋者宣读授勋词，把勋章别在对方的左胸口，对新的受勋者致剑面击肩礼，受勋者做简短发言，表达骄傲和喜悦之情。

招待会

庆祝仪式可以在私人场所，或诸如市政府、省政府、内阁所在地等公共场所举行，仪式以敬酒活动结束。

朋友们可以借此机会送花或礼物。

勋章的佩戴

在出席官方仪式时，女士更喜欢把小型徽章佩戴在左胸口，或者是把绶带戴在西装外面。

便装的勋章佩戴

此时不需要佩戴勋章，只需佩戴与所获勋章相对应的绶带（骑士勋章的绶带是红色的，国家级奖章的绶带是蓝色的等等）即可，戴在上衣左边扣眼的位置处。

注意
勋章不能佩戴在运动服或太花哨的衣服上。

正装的勋章佩戴
　　可以把小尺寸的勋章按照等级顺序（见上文）佩戴于左胸，如果勋章太多的话佩戴时排成一排。

礼服或军装的勋章佩戴
　　勋章要按标准尺寸佩戴，要按等级而不是获得的先后次序佩戴。

16. La noblesse

La noblesse-la vraie-ne serait pas aussi nombreuse qu'on pourrait le penser. Elle est estimée à environ 4 000 familles issues de la noblesse d'Ancien Régime, du Premier Empire, de la Restauration, de la monarchie de Juillet et du Second Empire. Ces familles sont regroupées au sein de l'Association de la noblesse française (75008).
La particule, pas plus que le blason n'est une marque de noblesse. On peut s'appeler "de Dupont" et ne pas être noble pour autant ! De nombreuses familles nobles ne possèdent pas de particule. On peut posséder des armoiries sans être obligatoirement un noble (cf. notre livre *Faire sa généalogie* chez ce même éditeur).
De nos jours, sauf dans la société mondaine pour les préséances, la noblesse ne jouit plus des privilèges qui étaient les siens autrefois.

Titres nobiliaires

Le plus haut titre de la noblesse française est celui de duc. Seul titre où on doit dire Monsieur le Duc, Madame la Duchesse. Le titre de Prince est un titre étranger, son titulaire, s'il n'appartient pas à une maison souveraine, lors de réception, prend place après le duc. Pour les préséances, à titre égal c'est le titre le plus ancien qui a le pas. Par prudence, consulter l'ANF. Vos convictions peuvent aussi vous conduire à refuser l'usage de tout titre nobiliaire, auquel cas vous direz simplement Monsieur ou Madame.
Les titres nobiliaires français sont : duc (duchesse) ; marquis (marquise) ; comte (comtesse) ; vicomte (vicomtesse) ; baron (baronne).

Vraie et fausse noblesse

A côté de la vraie noblesse en existe une autre faisant l'objet d'un remarquable ouvrage dont le titre en dit long sur cette seconde noblesse : *Encyclopédie de la fausse noblesse et de la noblesse d'apparat*, publiée aux Editions Sedopols, sous la plume de Pierre-Marie Dioudonnat.

16. 贵族

贵族——真正的贵族——并不像人们想象中的那么多。从旧制度、第一帝国、复辟时期、七月王朝和第二帝国传承下来的贵族家庭其实只有 4000 个左右。法国贵族协会（75008）对这些家族做了分类。

徽章已不是贵族的标志，而表示贵族称号的前置词就更不是了。一个叫"德·杜邦"的人，有可能不是贵族！很多贵族家族的名字中都不带前置词。人们可以有徽章但不一定是贵族。（参看同一出版社的书《绘家谱》）

如今，贵族们除了在名流社会里还需要讲究尊卑主次，其他时候已经不再享有他们以前所享有的特权了。

贵族头衔

法国贵族的最高头衔是公爵，也是唯一一个我们应该称其为"公爵先生""公爵夫人"的头衔。"王子"是一个外国头衔，它的持有者如果不属于王室，在受接待时就应该排在公爵后面。在优先权方面，如果头衔一样，那获得时间较早的人排前面。谨慎起见，请咨询"ANF"（法国贵族协会）。您如果坚决排斥贵族头衔，那么您只需简单地称呼"先生"或"夫人"就行了。

法国的贵族头衔是：公爵（女公爵）、侯爵（女侯爵）、伯爵（女伯爵）、子爵（女子爵）、男爵（女男爵）。

真假贵族

与真贵族相对应的，还有另一种贵族：伪贵族。巨著《伪贵族与名誉贵族百科全书》就以后者为研究对象，光看书名就很能说明问题了。此书已由塞多波尔出版社出版，由皮埃尔－玛丽·迪乌多纳执笔。

17. Les faire-part

Le faire-part est un document imprimé annonciateur d'un événement pas toujours heureux. Nous pouvons distinguer plusieurs genres de faire-part : naissance ; baptême ; mariage ; décès ; événements divers.

Tous les imprimeurs et boutiques de reproduction (photocopie) connaissent et éditent des faire-part présentés dans une large gamme de papiers, de formes, de couleurs et de présentations.

Toutefois, avec l'arrivée de l'informatique et des logiciels dits de PAO[①]. chacun peut à son gré[②] créer ses faire-part et les imprimer en autant d'exemplaires qu'il le souhaite. On trouve dans les magasins spécialisés en fournitures informatiques des papiers et cartons prédécoupés, prêts à l'emploi, blancs ou avec fonds colorés, et aux décors variés. Est également commercialisé du papier épais façon parchemin brûlé sur les côtés.

Vous allez libérer votre imagination avec un logiciel de PAO ! Dessins, photos numérisées ou numériques, écritures différentes, couleurs, effets spéciaux, fonds colorés et cadres… Vous allez devenir l'imprimeur de la famille !

Comme pour un logiciel de traitement de texte, l'apprentissage d'un logiciel de PAO est aisé tout au moins pour les logiciels de base, tels que MS-Publisher.

Naissance

Le plus fantaisiste des faire-part, dans lequel nous trouvons les parents et leur adresse ; la date et le lieu de naissance ; le poids du bébé et, accessoirement, sa taille. Et, pour les parents férus[③] d'astrologie, l'heure de naissance peut être précisée.

---

① PAO : publication assistée par ordinateur 电脑编辑的出版物。
② à son gré : 根据某人的意愿，随意地，任意地。
③ férus : *adj.* 醉心……的，迷恋……的，热爱……的。

Exemple, sur un carton format carte postale plié en deux, texte fer à droite :

> Monsieur et Madame Jean et Liliale Sein
> ont la joie de vous apprendre la naissance de leur fils
> **Richard**
> à Nouméa le 18 février 1974 (4,61 kg)

Baptême

Autre faire-part fantaisiste, celui-ci nous donne les parents et leur adresse ; la date et le lieu de naissance ; la date et le lieu de baptême ; l'église choisie pour la cérémonie ; les parrain et marraine sont nommés.

> Monsieur et Madame Michel G.
> vous prient d'assister au baptême de leur fils
>
> *Christophe*
> le 14 décembre à 10 heures en l'église Saint-Michel-des-Batignolles.
>
> Le parrain est Monsieur André Vié et la marraine Mademoiselle Huguette Ouari.

Mariage

Qu'il soit civil ou religieux, le faire-part de mariage nous indique les noms et prénoms des futurs, professions et coordonnées des parents et leur adresse, date, heure et lieu de la cérémonie, l'église où aura lieu la cérémonie nuptiale. Les médailles officielles sont obligatoirement citées, la Légion d'honneur est la première de toutes.

Les titres officiels ou l'appartenance à une œuvre charitable sont eux aussi à indiquer. Sont exclues toutes médailles non officielles.

Exemple n°1, annonce du mariage, sur un carton format italien, une famille par côté, le troisième texte centré :

> Monsieur et Madame Georges-André Lepeltier
> ont l'honneur de vous faire part du① mariage de leur fille
> Christelle,
> avec Monsieur Gilles Ride.
>
> Monsieur et Madame Sosthène Ride
> ont l'honneur de vous faire part du mariage de leur fils Gilles avec
> Mademoiselle Christelle Ride.
>
> La bénédiction nuptiale leur sera donnée le samedi 8 juillet 2000, à
> 10 h 30 en l'église Saint-Saturnin, a Gentilly (Val-de-Marne) . Suivent
> les adresses de chaque famille.

Excmple n°2, le mariage a eu lieu. Le texte est plus court :

> *Christelle Lepeltier et Gilles Ride*
>
> ont la joie de vous faire part de leur mariage célébré le 24juillet
> 1999 à Luché-Pringé (Sarthe) .

Décès

Document assez ancien, autrefois connu sous le nom de Placard de décès, sur le faire-part de décès sont indiqués prénom et nom ; adresse ; profession, médaille(s) et titre(s) du décédé ; la date et le lieu de décès ; jamais la cause du décès, par simple décence envers le défunt (la citation de la cause de décès est interdite à l'état civil) ; sa famille, précisée avec tous les degrés ; l'église où aura eu lieu la cérémonie des obsèques, le lieu d'inhumation. La commune d'habitation de certains parents peut être indiquée. Peuvent être également mentionnées les coordonnées de la société de pompes-funèbres② chargée des obsèques.

Le faire-part de décès est le plus sobre des faire-part, dans sa

---

① faire part de : 让某人了解某事。

② société de pompes-funèbres : 殡仪馆，丧葬公司。

rédaction sachez faire preuve de retenue et abstenez-vous, bien évidemment, de toute fantaisie.

Faire-part — Invitations diverses
Tout événement est propice à l'édition d'un faire-part. Invitation ; première communion ; fiançailles ; réussite à un examen ; "pot" de départ à la retraite ; invitation à un cocktail ; invitation à un vernissage ; célébration d'un nombre d'années de mariage, etc. Dans ce domaine, un peu de fantaisie peut être de mise.

"Pot" de départ à la retraite
Exemple (hors dessin, photo et illustration) :

> Georges-André Lepeltier
> *Ingénieur des Ponts et Chaussées*
> 18 rue de Bellechasse
> 75007 Paris
>
> vous prie de bien vouloir assister à son "pot" de départ à la retraite, le vendredi 12 mars à partir de 19 heures, salle B, à la mairie.

Invitation à un vernissage
Exemple (hors dessin, photo et illustration) :

> Georges-André Lepeltier
> 18 rue de Bellechasse
> 75007 Paris
>
> *Peintures et aquarelles du Maine*
>
> Exposition du 3 au 11 décembre
> vernissage le jeudi 2 décembre à partir de 18 heures
>
> Atelier Gustave-36 rue Boissonade-75014
> Métro Raspail-RER Port-Royal.

Changement d'adresse

La poste distribue des cartes postales destinées à signaler votre changement d'adresse à vos correspondants. Il n'est pas interdit de faire des annonces complémentaires à glisser dans une enveloppe. Exemple hors dessin, photo et illustration :

Georges-André Lepeltier
Anciennement 12 rue d'Alsace-Lorraine
31000 Toulouse

Vous prie de noter ses nouvelles coordonnées

18 rue de Bellechasse
75007 Paris
Tél:
Fax:
E-mail:

---

17. 通知函

通知函是一种需要印制的材料，不能手写。采用这种方式来通知别人的事件不一定总是好事。通知函有以下类型：出生、洗礼、婚礼、死亡或其他事件。

所有的印刷商和复制品商店（复印店）都非常了解不同类型通知函的不同纸张、形状、颜色和样式，当然也会制作各种通知函。

但是，随着计算机和电脑编辑出版物 PAO 软件的出现，每个人都可以按照自己的想法和创意来制作通知函，并且想打印多少份都可以。如果您嫌麻烦不想自己制作通知函，可以去专卖店里购买电脑专用的纸张或卡片来写通知函。这些纸张或卡片已经裁好，即买即用，非常方便。它们一般是纯白色，或配有彩色的底色，还有各种装饰，美观实用。现在还出现了一种毛边厚羊皮纸，也可以书写通知函。

PAO 软件的运用能使您极大地发挥自己的想象力！图画、数字相片、数码相片、不同字体、颜色、特殊效果、彩色背景和边框……您会成为家庭印刷高手的！

PAO 软件的学习对掌握基础软件知识非常有帮助，就像 MS-Publisher 与文字处理软件的关系一样。

出生

这是最花哨的通知函，上面会写有父母的姓名和地址、孩子的出生日期及地点、出生后的体重和身长。对于喜欢星座的父母来说，也可以写明孩子出生的具体时刻。

比如，在一个明信片样式的卡片上写出生通知时，如果卡片是左右对折的话，文字一定要写在右边：

> 让和利利亚纳·桑夫妇很高兴地通知您他们的儿子
> 理查
> 于 1974 年 2 月 18 日在诺米亚出生（4,61kg）

受洗

　　这是另一种比较花哨的通知函，上面写有父母的姓名和地址、孩子的出生日期和地点、受洗的日期和地点、举行受洗仪式的教堂，以及教父和教母的名字。

> G. 米歇尔先生及夫人
> 邀请您参加他们的儿子的受洗
> 克里斯托夫
> 于 12 月 14 日 10 点在圣－米歇尔－德－巴蒂尼奥勒教堂进行
> 教父安德烈·维耶先生，教母于盖特·瓦里小姐

结婚

　　不管是世俗婚礼还是宗教婚礼，结婚通知函上一般会写明新婚夫妇的姓名，双方父母的职业、住址及联系方式，婚礼的日期、时间、地点以及仪式举行的教堂。如果双方家庭成员中有人获得过正式勋章，则必须在通知函上列出，荣誉勋章须位列第一。

　　通知函上还可以注明双方家庭获得的正式头衔或从事的慈善事业，非正式的勋章则不能写上。

　　示例一：婚礼通知函，写在意大利式的卡片上，两个家庭的情况介绍分列两边，通知文字写在中间：

> 乔治－安德烈·勒佩尔捷先生及夫人
> 很荣幸地通知您，他们的女儿
> 克里斯泰勒
> 与吉勒·里德先生的婚礼
>
> 索斯泰纳·里德先生及夫人
> 很荣幸地通知您，他们的儿子
> 吉勒
> 与克里斯泰勒·里德小姐的婚礼
>
> 婚礼将于2000年7月8日星期六10点30分在让蒂利（马恩河谷省）的圣－萨蒂南教堂举行。
> 随后附上两家的地址。

示例二：婚礼已经举行。这时，通知函会比较简短：

> 克里斯泰勒·勒佩尔捷与吉勒·里德
> 很高兴地通知您，他们的婚礼已于1999年7月24号在吕什－普兰热（萨尔特）举行。

死亡

　　死亡通知是一种比较古老的文体，也叫讣告。在死亡通知中，会写明逝者的姓名、地址、职业、勋章或头衔、死亡时间和地点，但出于对逝者的尊重，从不写死亡原因（写出死亡原因在法律上是禁止的）。还要写明逝者的家属，并说明与其亲疏远近的关系，以及将要举行葬礼的教堂及下葬地点。也应该写出某些亲戚居住的市镇，负责葬礼的殡仪馆。

　　死亡通知的用语是所有通告中最审慎的，在撰写的时候一定要注意语言的严谨，避免花哨。

通知函—各类请柬

生活中的各种事件都可以成为此类通知函的理由。比如请客、初领圣体、订婚、通过考试、退休酒会，邀请某人参加鸡尾酒会、画展开幕式、结婚周年庆典等等。对于这些方面，请柬上可以带点装饰。

退休酒会

示例（未含绘画、照片和插图）：

> 乔治－安德烈·勒佩尔捷
> 桥梁河堤工程师
> 居住于贝勒沙斯大街 18 号
> 75007 巴黎
> 邀请您参加他于 3 月 12 日周五 19 点在市政府 B 厅举行的退休酒会。

画展开幕式

示例（未含绘画、照片和插图）：

> 乔治－安德烈·勒佩尔捷
> 贝勒沙斯大街 18 号
> 75007 巴黎
> 邀请您观看
> 缅因州的油画和水彩画展
>
> 12 月 3－11 日正式展出
> 开幕式在 12 月 2 日周四 18 点开始
>
> 画展地址：古斯塔夫工作室－布瓦索纳德大街 36 号－75014
> 地铁拉斯佩尔站－大区快线－罗亚尔站

地址变更

邮局会把您地址变更的消息以明信片的形式发给您的联系人。也可以在里边加点别的材料一并寄出。

示例（未含绘画、照片和插图）：

> 乔治－安德烈·勒佩尔捷
> 旧址 阿尔萨斯－洛林大街 12 号
> 31000 图卢兹
> 请您记录他的新地址：
> 贝勒沙斯大街 18 号
> 75007 巴黎
> 电话：
> 传真：
> E-Mail：

18. La carte de visite

La carte de visite de petit ou grand format, est bien connue de tous. Jusqu'au premier conflit mondial la mode était à la carte comportant au recto[①] la photo de son titulaire et au verso[②] ses coordonnées. Cette mode s'est malheureusement perdue et, aujourd'hui, il faut parfois faire un effort de mémoire pour se souvenir du visage d'un interlocuteur, quand ce n'est pas l'inverse, on a le visage et pas le nom. Dans le commerce, on trouve des classeurs pour conserver les cartes de visite privées ou commerciales, ainsi que des papiers forts, prédécoupés aux motifs variés.

Dans ce domaine, chacun est libre de ses compositions. Attention toutefois à certaines écritures, jolies certes mais pas forcément lisibles, lettres gothiques ou en broderie, et aux caractères trop petits ... Dans ce domaine la fantaisie peut nuire à la lisibilité. En créant vos cartes de visite, pensez à vos destinataires qui n'ont peut-être pas la même vue que vous.

Exemple (hors cadre, dessin, photo et illustration) :

GEORGES-ANDRÉ LEPELTIER	
Ingénieur des Ponts et Chaussées	
(place libre pour vos messages)	
	Tel :
18 rue de Bellechasse	Fax :
75007 Paris	E-mail :

La carte de visite est également employée pour envoyer rapidement

---

① recto : *n.m.*〈拉〉(纸张的) 正面。
② verso : *n.m.* (书页的) 背面, 反面。

un message, une réponse à une invitation, des remerciements, des condoléances, etc.

Avec l'informatique et ses accessoires, tel que le "scanner", il est envisageable de numériser une photo (noir et blanc ou couleur), de "l'arranger" dans un logiciel de traitement de photo, et de placer ensuite la photo dans la carte de visite, renouant ainsi avec une tradition vieille de près d'un siècle.

18. 名片

  名片无论大小，都为大家所熟悉。直到"一战"前，名片流行的做法都是在正面印主人的照片，背面是地址。遗憾的是，这种方式已经不再使用，今天，人们不会看到脸却想不起来是谁，但反之，看着名字而要努力想这个人长什么样。在市场上，人们可以买到存放名片的夹子，用来装私人或公务名片，还可以买到裁切好的硬质纸张，这种纸张用途多多，自然也能用来做名片。

  从这个层面讲，每个人都可以自己设计名片。但还是要注意避免选用有些好看但不易辨认的字体，比如哥特式字体、花体，或太小的字体。因为这样一来，装饰可能会影响可读性。在创作您自己的名片时，要知道对方可能不一定和您的眼光一致。

  示例（未含边框、绘画、照片和插图）：

乔治－安德烈·勒佩尔捷 桥梁河堤工程师 （此处空白可补充一些个人信息）	
	电话：
	传真：
贝勒沙斯大街18号 75007 巴黎	电子邮件：

  名片也可以用来迅速地发消息、答复请柬、致谢、吊唁等。

  有了电脑及其附属设备，比如扫描仪，就可以扫描一张照片（黑白或彩色），并用某种处理系统对照片进行"加工处理"后把它放在名片上，这样我们就可以重新恢复沿用了近一个世纪的贴照片的老传统。

19. Les jeunes et le savoir-vivre

De tout temps et dans toutes les civilisations, les jeunes ont eu besoin d'éducation et de savoir-vivre. C'est le devoir des parents, nous l'avons déjà dit plus haut, d'inculquer à leurs enfants les règles du savoir-vivre, à commencer par dire "Merci".
Toutefois, si trop de règles à apprendre et à respecter briment et rebutent les jeunes, l'absence de règles peut nuire à son éducation et à son comportement dans la vie.

Les devoirs de chacun
Dès l'enfance, les jeunes doivent apprendre que le respect de soi commence par le respect de son corps et par une bonne hygiène. Quelles que soient les tenues portées, il doit avoir les cheveux propres, les ongles courts et sans crasse, et une excellente hygiène dentaire.
Il est du devoir des parents d'apprendre à leurs enfants les bonnes habitudes, qu'ils garderont leur vie durant : le respect aux anciens ; le respect des parents ; la politesse ; se tenir droit ; ne pas faire de gestes brusques ; ne pas gesticuler en tous sens ; regarder en face et non tête baissée ; parler avec diction et posément, et exprimer clairement ses idées ; la discipline dans tous les domaines.

Argent de poche
Sujet délicat et différemment abordé par des parents. A quel âge doit-on commencer à donner de l'argent de poche et combien ? Seuls des parents peuvent répondre en fonction de leur niveau social et culturel. Assez tôt, un jeune doit apprendre à respecter l'argent procuré par le travail ("jobs d'été") et à bien le gérer.

Le respect
Les jeunes doivent très tôt apprendre le respect dû aux adultes. Ils doivent dire "Bonjour, monsieur" ou "Bonjour, madame" aux

personnes connues ou non connues d'eux et les vouvoyer. Ils doivent être polis et ne pas user de mots grossiers.

La famille

Les parents ont le devoir d'habituer leurs enfants à entretenir des relations suivies avec les grands-parents et les autres membres de la famille. Petits, ils enverront des dessins (très appréciés et gardés précieusement par les anciennes générations) ; puis, dès qu'ils sauront écrire, des lettres de toutes natures : anniversaires, fêtes, nouvelles de l'école et de la famille. Une lettre fait plus plaisir qu'un appel téléphonique.

Les reproches

La règle est de ne jamais faire de reproches aux enfants en présence de leurs amis, ni en public. Les parents éviteront ce qui pourrait être pris pour une humiliation. Si les parents doivent se montrer fermes et non coléreux dans leurs reproches, ils ne doivent pas admettre en retour que leurs enfants se montrent coléreux et insultants. Les parents doivent très tôt avoir instauré entre eux et les enfants un respect mutuel indispensable à l'harmonie de la famille.

Le rangement

Bien que parents et enfants n'aient pas la même conception du rangement (sic) [1], les jeunes doivent apprendre très vite que le désordre est une inutile source de conflits avec les parents. On leur apprendra donc les vertus du rangement, de ses affaires, de ses jouets, de ses vêtements et à les respecter. Il ne faut pas que rangement rime avec une "opération par le vide" : la jeunesse a droit à son espace personnel, à son jardin secret, et à ses souvenirs, même les plus puérils.

Salle de bains

Que les membres de la famille disposent chacun de sa salle de bains ou qu'elle soit commune, des règles de propreté s'appliquent à tous,

---

[1] sic : adv.〈拉〉原文如此。

adultes comme enfants. Chacun prendra soin de bien ranger ses affaires de toilette, essuyer le sol, laver et laisser propre ce qu'il a utilisé : lavabo , baignoire ou douche.

Bruit et vacarme

La jeunesse supporte des musiques assourdissantes alors que les aînés préfèrent le calme. Les jeunes doivent apprendre très tôt à baisser le son de leur chaîne hi-fi, de leur radio, de leur baladeur afin de ne gêner personne, tant à la maison que dans les transports en commun ou avec les copains. Il est discourtois d'avoir une conversation avec une personne qui a des écouteurs dans les oreilles !

Les horaires

Les jeunes doivent respecter les heures de repas, se mettre à table les mains propres, ne pas parler en mangeant, et ne quitter la table qu'avec l'autorisation des parents.

Un invité

Les jeunes demanderont aux parents l'autorisation d'inviter un ami ou une amie et organiseront avec eux son arrivée sous le toit familial.

Le téléphone

Les conversations téléphoniques des jeunes et leur monopolisation[①] du téléphone irritent de nombreux parents. Ceux-ci doivent faire admettre à leurs enfants quelques règles, afin d'exiger un peu de tranquillité :
- ne pas téléphoner à l'heure des repas (on précisera l'heure à ses correspondants, généralement midi et vingt heures) ;
- ne téléphoner ni tôt le matin, ni tard le soir, surtout pas après vingt-deux heures.

Celui ou celle qui appelle doit dire "Bonjour, monsieur" ou "Bonjour, madame" selon la personne qui répond et se présenter : "Je m'appelle Floral Germain, puis-je parler à Laure, s'il vous plaît ? " L'appelant

---

① monopolisation : *n.f.* 垄断，独占。

peut préciser les rapports qui existent avec l'appelé(e) : "Nous sommes camarades de classe", "Nous sommes dans le même club de loisirs", etc. Si la personne est absente ou ne peut répondre, on demandera à quelle heure on peut rappeler. Il faut savoir remercier et raccrocher. Si la personne répond, fille ou garçon, on prendra soin de respecter les consignes parentales, entre autres, la durée des conversations.

Les sorties

Les parents seront informés des sorties de leurs enfants, la famille qui recevra, ses coordonnées et son téléphone. Les jeunes devront respecter les heures de retour et en cas de retard, ils avertiront leurs parents par téléphone, afin de diminuer leur inquiétude.

Aujourd'hui, de très nombreux jeunes ont un téléphone portable, pour eux et leurs parents c'est une ligne de vie qui rassure.

La petite amie ; le petit copain

Ils n'ont pas vu leurs enfants grandir et ils sont toujours surpris lorsque pour la première fois la fille de la maison leur présente son premier petit copain, ou le fils sa petite amie. Surprise ne signifie pas indignation. Tôt ou tard, cela devra arriver. Les parents resteront sur leur réserve[①] tout en ayant un accueil aimable et courtois.

Il est recommandé de présenter son petit copain ou sa petite amie et d'attendre de la part des parents une invitation pour un séjour (en ville, à la campagne ou en vacances), sans imposer une présence qui pourrait ne pas être souhaitée. Les jeunes doivent faire preuve de patience — qualité qui leur manque parfois.

Boum et surprise-partie[②]

Les jeunes aiment à se retrouver pour toutes sortes d'occasions, une fête, un anniversaire, la réussite à un examen, ou le simple plaisir d'être ensemble et de danser ou d'écouter de la musique (généralement bruyante !).

---

① rester sur leur réserve : 保持谨慎的态度。
② surprise-partie : *n.f.*（青年人举行的）家庭舞会。

Les amies et amis sont invités oralement et par téléphone. Mais avec la PAO, de nombreux jeunes créent des invitations très personnalisées. Les parents prendront soin d'établir la liste des invités et leurs coordonnées afin de savoir qui vient et joindre les parents au cas où.

A leur arrivée, les enfants invitants doivent présenter à leurs parents leurs invités :
- "Anne-Elisabeth Dennery, la meilleure élève de la classe" ;
- "Ma mère, Constance Lepeltier et mon père, Georges-André Lepeltier."

Chaque invité devra répondre par "Bonjour, madame" et "Bonjour, monsieur" . Il est permis d'ajouter quelques mots de remerciements, ou une anecdote d'école ou de sport pour créer une bonne ambiance entre lui et les parents. Ceux-ci prendront soin d'édicter clairement des règles de conduite pour leurs enfants et leurs invités.

Par prudence, les parents mettront à l'abri tout objet fragile ou de valeur, libéreront le maximum de place en poussant les meubles, et n'oublieront pas de prévenir le voisinage.

Le buffet sera simple et composé de grignotages : "sandwiches" , "chips" , etc. Les boissons alcoolisées ne sont pas recommandées avant un certain âge. La tenue vestimentaire est celle de tous les jours, mais propre. Chaque invité saura faire preuve d'un savoir-vivre élémentaire en respectant les parents de l'invitant et les lieux mis à disposition. A défaut d'interdire de fumer, on recommandera expressément de ne pas écraser de mégots par terre et d'utiliser les cendriers.

C'est aux parents à savoir mettre fin à une soirée.

Les remerciements

Remercier les parents qui accueillent un jeune est une règle d'or. Ils peuvent être remerciés en arrivant ou en partant. Les remerciements s'adressent aux deux parents, bien que ce soit le plus souvent la mère de famille qui les reçoit.

19. 年轻人及其礼仪

在任何时代、任何文化背景下，年轻人都需要接受教育和学习礼仪。我们在上文中已经提到过，这是父母的责任。父母要向孩子灌输礼仪规则，从学会说"谢谢"开始。

然而，学习或遵守过多的礼仪规则会让年轻人感到厌烦，但是，如果缺乏礼仪观念也会对他们的教育及日常行为产生不良的影响。

每个人的义务

从小孩子们就应该知道，尊重自己从尊重自己的身体、从讲卫生开始。不管穿什么样的衣服，都应该保持头发干净整洁，指甲要剪短且里面不能藏污纳垢，好好清洁牙齿，保证口腔卫生。父母有责任让自己的孩子养成好习惯，并且终生保持：尊重长辈和父母、懂礼貌、站姿挺拔、举止文雅、不要到处指手画脚、目光直视对方不能低头、注意说话语调、从容不迫、清楚地表达自己的观点等各个方面的规矩。

零花钱

这是一个敏感的话题，家长们会具体问题具体分析。孩子几岁的时候开始给零用钱？给多少？只有家长才可以根据自己的社会地位及文化背景做出回答。年轻人从小就应该学会尊重劳动所得（暑假打零工赚的钱），也要学会如何理财。

尊重

年轻人应该从小就学会尊重成年人。不管他们认识还是不认识，都应该说"您好，先生""您好，女士"，对成人要用"您"来称呼。他们要懂礼貌，并且不能说粗话。

家庭

　　父母有责任让孩子养成重视家庭、重视亲情的好习惯，要教会他们如何维持和祖父母以及家庭其他成员的亲密关系。小时候，他们会寄出自己画的画（很受长辈们的喜爱和珍藏）；然后，他们刚一会写字，就会寄出各种类型的信：生日祝愿信、节日祝福信，或者单纯讲述学校和家里新鲜事的日常信件。一封信可比一通电话更能让人高兴。

批评

　　批评的原则是决不能在孩子的小伙伴们在场的时候进行，也不能当众指责他。这会伤害孩子的自尊心，应该尽量避免。如果父母在批评时能态度坚定且不会情绪失控，那么他们反过来也可以要求孩子们不能乱发脾气和侮辱他人。家长应该早早地在他们和孩子之间建立起一个互相尊重的关系，这对家庭的和谐至关重要。

整理

　　虽然父母和孩子对整理的概念理解并不一样，年轻人还是会很快明白，杂乱并不是他们和父母之间争吵的一个主要诱因。人们要教给孩子们，收拾房间是美德，要整理自己的东西、玩具、衣服，并且尊重这种美德。还要注意，整理不能和"清空房子"混为一谈，年轻人有权利拥有私人空间、秘密花园，有权利拥有他们的纪念品，哪怕是最幼稚的。

浴室

　　不管家庭成员各自拥有独立的浴室，还是大家共用一个浴室，干净原则适用于每个人，无论大人还是小孩。每个人都要收拾好自己的洗漱用品，把地板擦干净，清洗自己用过的东西，比如洗脸池、浴缸或花洒，并保持干净。

噪音和吵闹

　　年轻人能够接受震耳欲聋的音乐，而年纪稍大的人更喜欢安静。年轻人应该从小就学会把自己的高保真音响、收音机、随身听的音量调低，以免影响到别人，不管是在家里，还是在公共交通工具上，和朋友们在一起也是一样。戴着耳机和别人谈话是非常失礼的！

时间表

年轻人要按时吃饭，饭前洗手，吃饭时不要说话，没有父母的允许不能离开餐桌。

客人

年轻人请朋友到家做客一定要得到父母的允许，并且要和父母一起做准备工作迎接朋友的到来。

电话

年轻人长时间霸占电话聊天往往让不少父母很生气。他们必须给孩子定几条规矩，以便得到片刻安宁：

——吃饭时间不要打电话（孩子可以告诉朋友们自家的午餐和晚餐时间，一般是中午12点和晚上8点）；

——不要在早上太早和晚上太晚打电话，尤其是不要在晚上10点以后。

打电话的人根据对方的性别说："您好，先生"或"您好，女士"，并做自我介绍："我叫弗洛拉·热尔曼，请问洛尔在吗？"。打电话的人可以说明他和要找的人的关系："我是他同学""我们在一个俱乐部"，等等。如果那个人不在或者接不了电话，人们要问几点可以再打过来。应该学会先致谢再挂电话。如果对方接了，不管男孩女孩，都要注意遵守父母的规定，其中包括谈话时长。

外出

孩子外出时应该告诉父母，并详细说明去谁家做客，告知这家的地址和电话。应该按时回家，如果晚回的话，应该打电话告知家长，以免他们担心。

今天，许多年轻人都有了手机，对他们和他们的父母来说，这都是保证安全的生命之线。

女朋友，男朋友

家长们没有注意到孩子不知不觉已经长大了，当女儿第一次向他们介绍男朋友，或儿子介绍女朋友时，家长总是非常吃惊。但吃惊不代表愤怒。这种事迟早都会发生。父母对此要保持慎重的态度，同时还要热情、礼貌地接待子女的朋友。

在向父母介绍了男女朋友之后，应该由父母邀请对方共同出行游玩（在城市、乡下，或去度假），而不是强迫父母邀请对方，因为父母可能并不想那样做。年轻人应该耐心一点——这往往也是他们缺少的品质。

家庭舞会与聚会

年轻人喜欢借各种名义聚会，比如为了庆祝节日、生日、考试通过等，或者纯粹为了高兴而聚在一起跳舞或听歌（通常很吵！）。

朋友们之间都是通过口头或电话邀请。但有了 PAO 软件后，很多年轻人都喜欢自己设计有创意的个性邀请函。父母则要留心记下客人名单和他们的联系方式，以便知道谁会来，万一有什么情况时可以通知他们的父母。

小客人们来了之后，请客的孩子应该把他们介绍给自己的父母：

——"安娜·伊丽莎白·德内里，我们班最好的学生"；

——"我妈妈，康斯坦丝·勒佩尔捷，我爸爸，乔治-安德烈·勒佩尔捷"。

每个客人都应该回答说"您好，先生""您好，夫人"，也可以加一些表示感谢的话，或者讲一些学校或运动时的奇闻轶事，这样可以在宾主之间营造良好的氛围。父母这边则要负责对孩子和他的小客人们的行为做出清晰的规定。

出于谨慎，父母要把所有易碎或昂贵的东西收起来，挪开家具以便给孩子们腾出最大的空间，并且别忘了告知邻居家里有聚会,万一影响到他人要请求谅解。

自助餐很简单,主要都是些零食,"三明治""薯片"等等。未达到一定年龄,不建议饮用含酒精的饮料。穿着打扮与平时无异,但是一定要干净整洁。每个客人都应该遵守最起码的礼仪要求,尊重主人的父母,尊重他们给自己腾出来的这块地方。就算没人禁止吸烟,我们也强烈建议吸烟后不要在地上碾碎烟头,而应使用烟灰缸。

晚会结束的时间应该由父母定。

致谢

感谢接待孩子的父母是一条黄金法则。可以在刚来或临走时致谢。尽管通常是家里的女主人来招待孩子们,也要同时向两位家长表示感谢。

Annexe : Dignité et grades des Armées

Armée de terre
Maréchal de France (n'est pas un grade, mais une dignité)
1. Général d'armée
2. Général de corps d'armée
3. Général de division
4. Général de brigade
5. Colonel
6. Lieutenant-colonel
7. Chef de bataillon ou d'escadron
8. Capitaine
9. Lieutenant
10. Sous-lieutenant
11. Aspirant
12. Major
13. Adjudant-chef
14. Adjudant
15. Sergent-chef ou maréchal des logis-chef
16. Sergent ou maréchal des logis
17. Caporal-chef ou brigadier-chef
18. Caporal ou brigadier

Marine nationale
(dite aussi La Royale)
1. Amiral
2. Vice-amiral d'escadre
3. Vice-amiral
4. Contre-amiral
5. Capitaine de vaisseau
6. Capitaine de frégate
7. Capitaine de corvette
8. Lieutenant de vaisseau
9. Enseigne de vaisseau
10. Aspirant
11. Major
12. Maître principal
13. Premier maître
14. Maître
15. Second-maître
16. Quartier-maître
17. Matelot breveté

Armée de l'air
1. Général d'armée aérienne
2. Général de corps aérien
3. Général de division aérienne
4. Général de brigade aérienne
5. Colonel
6. Lieutenant-colonel
7. Commandant
8. Capitaine
9. Lieutenant
10. Sous-lieutenant

11. Aspirant
12. Major
13. Adjudant-chef
14. Adjudant
15. Sergent-chef
16. Sergent
17. Caporal-chef
18. Caporal
19. Première classe

Gendarmerie nationale
1. Général d'armée
2. Général de corps d'armée
3. Général de division
4. Général de brigade
5. Colonel
6. Lieutenant-colonel
7. Chef d'escadron
8. Capitaine
9. Lieutenant
10. Sous-lieutenant
11. Major
12. Adjudant-chef
13. Adjudant
14. Maréchal des logis-chef
15. Gendarme
16. Maréchal des logis
17. Brigadier-chef
18. Brigadier
19. Première classe

附录：军衔

陆军
元帅（并不是军衔，而是一个荣誉称号）
1. 一级上将
2. 上将
3. 中将
4. 少将
5. 上校
6. 中校
7. 少校
8. 上尉
9. 中尉
10. 少尉
11. 准尉
12. 一级准尉
13. 二级准尉
14. 军士长
15. 上士
16. 中士
17. 下士长
18. 下士

法国海军（也叫国家海军）
1. 海军一级上将
2. 海军上将
3. 海军中将
4. 海军少将
5. 海军上校
6. 海军中校
7. 海军少校
8. 海军上尉
9. 海军中尉
10. 海军少尉
11. 海军准尉
12. 总海军军士长
13. 一级海军军士长
14. 海军军士长
15. 海军中士
16. 二级海军下士
17. 二等水兵

空军
1. 空军一级上将
2. 空军上将
3. 空军中将
4. 空军少将
5. 空军上校
6. 空军中校
7. 空军少校
8. 空军上尉
9. 空军中尉
10. 空军少尉
11. 空军准尉
12. 空军一级准尉
13. 空军二级准尉
14. 空军军士长
15. 空军上士
16. 空军中士
17. 空军下士长
18. 空军下士
19. 空军一等兵

国家宪兵队
1. 总警监
2. 副总警监
3. 一级警监
4. 二级警监
5. 三级警监
6. 一级警督
7. 二级警督
8. 三级警督
9. 一级警司
10. 二级警司
11. 三级警司
12. 一级警员
13. 二级警员
14. 三级警员
15. 宪兵
16. 中士
17. 下士长
18. 下士
19. 上等兵

Le vocabulaire 词汇表

abée *n.m.*	指天主教的一般神职人员，此处特制教区的司祭
acajou *n.m.*	桃花心木
acte *n.m.*	证书；文件；契约
affinité *n.f.*	相似性
agglutiné *adj.*	黏合的，胶合的
albâtre *n.m.*	大理石
alcaloïde *n.m.*	生物碱
ambre *n.m.*	琥珀
améthyste *n.f.*	紫晶，水碧，紫水晶
amiral *n.m.*	海军一级上将，海军中最高的军衔
amuse-gueule *n.m.*	〈俗〉（喝开胃酒时食用的）小点心
Ancien Régime *n.m.*	旧制度（指法国1789年以前的王朝）
ANF *n.f.*	association de la noblesse française 法国贵族协会
aquarelle *n.f.*	水彩画
armagnac *n.m.*	（法国阿尔马尼亚克地区产的）阿尔马尼亚克烧酒
armoiries *n.f.pl.*	纹章（总称）
arrêté *n.m.*	（政府机关的）决议，决定；法令
assortiment *n.m.*	［烹饪］拼盘，什锦
asthmatique *n.*	哮喘患者
avoué *n.m.*	诉讼代理人
bâiller *v.i.*	打哈欠
banquette *n.f.*	（地铁及火车的）靠背座椅
barre énergétique *n.f.*	能量棒，类似压缩饼干的一种食物

barrette	*n.f.*	小长方形勋章彩绶
basane	*n.f.*	（做书籍封面、马具、公文包等用的）柔软羊皮
beau joueur	*n.m.*	输赢坦然的赌博者；〈转〉能服理的人
béryl	*n.m.*	绿柱石，绿玉
blason	*n.m.*	徽章
Bora Bora	*n.*	波拉波拉岛，太平洋南部的一个火山岛，是法属波利西亚的旅游中心之一
bougeotte	*n.f.*	好动癖，旅行癖
boum	*n.f.*	家庭舞会，舞会
Brie-Comte-Robert	*n.*	布里-贡特-罗贝尔，法国小镇
cacahuète	*n.f.*	花生
cachemire	*n.m.*	羊绒
calé	*adj.*	稳固的
canette	*n.f.*	小罐子，易拉罐
caniveau	*n.m.*	边沟，阴沟，排水沟
capitaine de corvette	*n.m.*	海军少校
capitaine de vaisseau	*n.m.*	海军上校
caporal	*n.m.*	下士（陆军中最低的军衔）
cèdre	*n.m.*	雪松
chevalier	*n.m.*	骑士级勋章获得者
citation	*n.f.*	〈军〉表扬，表彰，嘉奖
civilité	*n.f.*	礼貌，谦恭，礼仪
clan	*n.m.*	小团体，小圈子
cognac	*n.m.*	法国干邑镇所产的白兰地酒
cohue	*n.f.*	嘈杂的人群
commandeur	*n.m.*	法国三级荣誉勋章获得者
Compagnon de la Libération	*n.m.*	（二战末的）解放勋章获得者
coquelicot	*n.m.*	虞美人，丽春花

corbeau	*n.m.*	匿名信的作者
crasse	*n.f.*	污垢，积垢
crêpe	*n.m.*	绉纱，绉绸，绉布，绉呢；（丧事用的）黑纱；绉（橡）胶
cretonne	*n.f.*	印花或提花装饰布
crispé	*adj.*	皱紧，紧张；拘谨
cure-dent	*n.m.*	牙签
apparat	*n.m.*	豪华，华丽；铺张，炫耀
d'emblée	*loc.adv.*	一下子就，一上来就
dé	*n.m.*	小方块；〈烹调〉丁儿
décolleté	*adj.*	袒胸露肩的
déplorable	*adj.*	可悲的，可叹的
donner l'accolade à	*loc.verb.*	（封建制度）击肩礼（授予骑士称号时的一种仪式）
eau-de-vie	*n.f.*	烧酒，白酒
étain	*n.m.*	锡，锡器
éternument	*n.m.*	喷嚏
faïence	*n.f.*	彩陶，釉陶
farci	*adj.*	塞肉馅的
flanelle	*n.f.*	法兰绒
fleuron	*n.m.*	花叶饰，〈转义〉最美好、最珍贵的东西
froment	*n.m.*	小麦（blé）的别名，尤指最优良的软粒小麦
gaffe	*n.f.*	〈口〉不该说的话，蠢话，冒犯对方的话
Gendarmerie nationale	*n.f.*	国家宪兵队
goulot	*n.m.*	（瓶等的）细颈
Graham Bell		格雷厄姆·贝尔，第一台电话的专利获得者
grand chancelier	*n.m.*	荣誉勋位管理会总管

grand officier	*n.m.*	法国二级荣誉勋位获得者
grand-croix	*n.f.*	大十字勋章,勋章的最高级别
guéridon	*n.m.*	独脚小圆桌
hilarité	*n.f.*	愉快,高兴,突然发笑
importuner	*v.t.*	纠缠,使腻烦,惹讨厌
incrustation	*n.f.*	镶嵌
infliger	*v.t.*	使遭受,使蒙受
intarissable	*adj.*	无穷无尽的,滔滔不绝的
intrépide	*adj.*	勇敢的,有胆量的,无畏的
Journal officiel	*n.m.*	政府公报
Karaoké	*n.m.*	卡拉 OK
Kémia	*n.f.*	北非的一种点心,此处是音译
l'ordre de la libération	*n.m.*	自由解放勋章
l'ordre des Arts et des Lettres	*n.m.*	文学艺术勋章
l'ordre national du Mérite	*n.m.*	国家级奖章
la campagne d'Indochine	*n.f.*	印度支那战役
la Croix de guerre	*n.f.*	("一战""二战"时期颁发的)十字军功章
la Croix de la valeur militaire	*n.f.*	十字军功章
la Croix du combattant	*n.f.*	战士十字勋章
la Légion d'honneur	*n.f.*	荣誉勋章
la médaille commémorative	*n.f.*	纪念奖章
la médaille de l'Aéronautique	*n.f.*	航空勋章
la médaille de la Résistance	*n.f.*	抵抗运动勋章
la médaille militaire	*n.f.*	军功奖章
lamentable	*adj.*	低劣的,糟糕的
landau	*n.m.*	有篷童车
le mérite agricole	*n.m.*	农业奖章
le mérite maritime	*n.m.*	海军奖章
les palmes académiques	*n.f.*	(法国)一级教育勋章
machiniste	*n.m.*	(公交车、地铁的)驾驶员,司机

madame la commandante	*n.f.*	司令夫人
madame la préfète	*n.f.*	〈旧〉省长夫人
Maine	*n.*	（美）缅因（州）
mégot	*n.m.*	〈口〉烟头，烟蒂
mercure	*n.m.*	水银
Monarchie de Juillet	*n.f.*	（法国 1830—1848 年的）七月王朝
moulin à prières	*n.m.*	（藏传佛教的）转经筒
mousseline	*n.f.*	平纹细布
MS-Publisher		商业出版和市场材料程序
nacre	*n.f.*	珍珠质，珍珠层
nickel	*n.m.*	镍
nouer	*v.t.*	建立，结下（友谊等）
Nouméa	*n.*	诺米亚，（大洋洲）新喀里多尼亚的首都
Nymphe	*n.f.*	希腊神话中掌管山林水泽的仙女
oeillet	*n.m.*	在植物学上指石竹；在花店里指康乃馨
onomatopée	*n.f.*	象声词，拟声词
opale	*n.f.*	乳白石，蛋白石
ordre	*n.m.*	勋章；颁勋会
parchemin	*n.m.*	羊皮纸
parrain	*n.m.*	教父
pâté de campagne	*n.m.*	肉丁酱
pense-bête	*n.m.*	备忘录
pied-noir	*n.m.*	〈口〉居住在阿尔及利亚的法国人
pipelette	*n.f.*	〈口〉爱说闲话的人
platine	*n.m.*	铂，白金
porphyre	*n.m.*	斑岩
prévenant	*adj.*	殷勤的，关切的，和气的，亲切的
progéniture	*n.f.*	子孙，后代；〈口〉儿女
prolixe	*adj.*	冗长的，啰嗦的

protocole *n.m.*	外交礼节
puéril *adj.*	儿童的，幼稚的
pugilat *n.m.*	斗殴，打架
quadrupède *n.m.*	四脚动物，有四脚的。这里指猫、狗等动物
qualité *n.f.*	身份
raillerie *n.f.*	戏言，取笑，嘲笑
rebuter *v.t.*	使丧气、灰心，使讨厌、憎恶
récipiendaire *n.m.*	新会员，新成员；接受任命者
recto *n.m.*	〈拉〉（纸张的）正面
relent *n.m.*	怪味，难闻的气味
retrouvailles *n.f.pl.*	重逢，恢复关系
rince-doigts *n.m.*	（用餐时或用餐后洗手指用的）洗手碗
rompre la glace *loc.verb.*	打破僵局，消除拘束
rondelle *n.f.*	小圆形薄片，圆形切片
ronfler *v.i.*	打鼾，发鼾声
rubis *n.m.*	红宝石
ruser *v.i.*	施诡计，耍花招
s'abstenir de *v.pr.*	克制，避免；戒除
s'emballer *v.pr.*	动怒，发脾气
s'époumoner *v.pr*	大声说话，高声叫喊
s'exposer *v.pr.*	招惹，招致，冒……险
s'incruster *v.pr.*	赖在某人家里（或一个地方）不肯走
salière *n.f.*	盐瓶
salon particulier *n.m.*	这里指餐厅的包间
saphir *n.m.*	蓝宝石
sas *n.m.*	闸室，闸门
se côtoyer *v.pr*	并排走
se délester *v.pr.*	卸载，减少……的重量

se moucher *v.pr.*	擤鼻涕
se priser *v.pr.*	吸（鼻烟）
se racler la gorge *v.pr.*	清清嗓子
set *n.m.*	小台布，指铺在盘子下面的小方巾
SNCF	Société Nationale des Chemins de Fer Français 法国国营铁路公司
sobre *adj.*	有节制的，有分寸的；审慎的
steward *n.m.*	男服务员，乘务员
surprise-partie *n.f.*	（青年人举行的）家庭舞会
Tabago / Tobago	多巴哥岛，南美洲特立尼达和多巴哥的第二大岛
tact *n.m.*	有分寸，知轻重
Tahiti	（太平洋）塔希提岛，在法属波利尼西亚，著名度假区
TOE	théâtres d'opérations extérieures（法国的）国外战区
tomates farcies *n.f.*	塞肉番茄
topaze *n.f.*	黄玉，黄晶
transatlantique *n.m.*	折叠式帆布躺椅
turquoise *n.f.*	绿松石
une grande surface *n.f.*	大型超市，卖场
uniforme militaire *n.m.*	军装
urbain *adj.*	城市的，都市的
user de *v.t.indir.*	用，使用，运用
vacarme *n.m.*	吵闹，吵嚷
vermeil *n.m.*	镀金的银，镀金层
victuailles *n.f.pl.*	食品，食物
wagon-restaurant *n.m.*	餐车

图书在版编目(CIP)数据

教你掌握法国礼仪：汉法对照/(法)米歇尔－加斯著；刘燕繁，张姗娜翻译、注释. —北京：商务印书馆，2021
(2021.9重印)
(法兰西生活拼图)
ISBN 978-7-100-18689-6

Ⅰ.①教… Ⅱ.①米… ②刘… ③张… Ⅲ.①礼仪—基本知识—法国—汉、法 Ⅳ.① K895.652.6

中国版本图书馆 CIP 数据核字(2020)第 109288 号

权利保留，侵权必究。

教你掌握法国礼仪

〔法〕米歇尔－加斯　著

刘燕繁　张姗娜　翻译　注释

商 务 印 书 馆 出 版
(北京王府井大街36号 邮政编码100710)
商 务 印 书 馆 发 行
北京中科印刷有限公司印刷
ISBN　978-7-100-18689-6

2021年1月第1版	开本 787×1092　1/32
2021年9月北京第2次印刷	印张 5

定价：35.00 元